愛の旅びと

しあわせの青い鳥はいつもあなたにより添って

はじめに

戦争が終った
日本が型なしに崩れた
その時　血気に燃えていたわたしは
燃えていただけ　しぼみ方もきつかった

どうしよう
何も力もないのに　だのに
あるように長いこと教え込まれていた
余波でいてもたっても
いられなかった

たたき込まれた愛国心は
消えきっていなかった
ホダ木となって　また燃えた

まわりのうつろな大人達見て
考えた
自分もまだ半分子どもだった

子どもだ　子どもだ
子どもを大切に　育てたら
希望をもって　育てたら

何とかして　何としてでも
保母になることを考え　トライした
足の先っぽから
頭のてっぺんまで凍りそうになって
横浜に通った
そして　試験にパスして保母になった

それから幾十年
子どもに夢を抱きつゝ
その子を育てる親に夢を見つける

平和を愛する　この国を愛する
遠く近くの隣人に感謝しながら
許しあい　祈りあう
それはそっくり　先に在った
イエス・キリストの教えだった

目次

第二章　戦後より五十余年の歩み　49

第三章　折々の想い　77

第四章　海外研修　171

装画・挿画　マリエ・フランシス・ブレイホグル

第一章　戦争と共に生い立ちの記

一九三三（昭和八）年、喜びと不安の中で叔母から贈られた赤いビロードのカバンを下げ小学校へ入学しました。教科書は有償で、町の本屋で買ってもらった数冊の中で特に嬉しかったのは、カラー挿絵の国語の教科書でした。

「サイタ　サイタ　サクラガ　サイタ」
「ススメ　ススメ　ヘイタイ　ススメ」

教科書史上に残る戦時統制化の第一号小学生だったのです。
「日本は世界一すばらしい国」と教えられるままに、子ども達も固く信じて、一五年戦争を耐えぬきました。

幼少の頃

遠目にはなだらかな陣馬の山並がとりわけ美しいのは、夕陽に映える富士を臨む夕方のひとときです。湧き水が集まって流れをつくり、耕地をうるおす。自然の豊かさがそのまま地名になったといわれる現在の日野市豊田が私のふるさとです。

大正一〇年（一九二一年）に耕地整理が行なわれたため、碁盤の目のように規則正しく並ぶ田園地帯、その北側には農家の瓦や麦藁屋根が並んでいました。部落は西から上《かみ》、中《なか》、下《しも》、矢崎組（源平合戦の古戦場）と中央線豊田駅周辺と五つが隣組として構成され、冠婚葬祭等の付き合いが行なわれていました。小学校は小さな分校が一校、生徒は一二〇名ほどで、三教室と職員三名、一人の教師が二学年を一度に教えている二部授業でした。一年生が国語なら二年生は作文、三年生が算数なら四年生は習字というあんばいで、先生もさぞかし大変だったことと思います。

まだまだ自然の形態はそのままで、春は苗代前の田に赤紫のジュータンを敷きつめたようにレンゲ草が咲き匂い、夏は蛍が舞う浅川（多摩川の支流）の堤防まで続く緑の水田に、なべ鶴や五位鷺《ごいさぎ》が細い脚で瀟洒《しょうしゃ》なたたずまいを見せ、秋は野菊の香る小川にメダカやエラ鮒が泳ぎ、子どもの夢をかきたてます。栗は裏山で拾うもの、柿やいちじくは庭先に実るもの、季節季節の自然は常に無償で恵みをもたらし、村人は平和な生活を営んでいました。

当然のことながら、テレビなし、ラジオもめったになし、新聞に載った出来事と、村の端から端まで知りつくしている人々の消息が主な関心事であり、農繁期の忙しさは大変なものですが、冬の農閑期には縁側で茶飲み話に花を咲かせ、母や祖母達が語ってくれる昔話は子どもにとっても大きな楽しみでした。

私が生まれたのは大正一五年（一九二六年）九月一八日、父母の仕事の関係で八王子市の千人町で暮していたのですが、母が実家の後継者ということで呼び戻されたらしいのです。

記憶の中にある千人町は広い通り（甲州街道）の細い銀杏並木を友達とゆすって遊んだこと、黒い板塀の中から年中聞こえてくる機織りの音、母親が売っていた手作り酒まんじゅうの湯気と美味しそうな匂い。町内お揃いのゆかたを着せてもらってお祭りの山車を引いたことなどがかなり鮮明に残っています。

豊田への引っ越しなどは全く覚えていませんが、近所の子どもが遊びに来てくれ、古い縁側が少し斜面になっていて積木を積むのに苦労したこと、庭先に咲き乱れる菊の花の香りなどが遠い記憶に留まっています。

豊田という所は、中央線の沿線で八王子と日野の中央に位置し、人口は一一〇戸、小さな駅の周辺が唯一の文化圏であり、生活用品を商う店が数軒集まっていました。生活のほとんどが自給自足でしたから店といっても売っている物は、学用品、菓子類、酒、たばこ、魚、調味料ぐらいのもので、それ以外は大抵八王子へ購入に出掛けました。自動車は当然なし、自転車が何軒かに一台、四㎞の道程でしたが電車にはめったに乗らず、大抵歩いて往復しました。

でも、八王子のお祭りは別でした。全国的に有名な織物の生産地なので祭りも伝統ある見事なものので、主に祖母が電車で連れていってくれました。一日中祭りの賑わいを楽しみ、大きなゴム毬や人形を買ってもらったことなどが忘れられない思い出として今も心に残っています。

成長するにつれて気付いてきたことは、昔からのしきたりが、時には合理性もあるものの目に見えない縛りとなって生活を支配し、旧暦の年中行事に従って、曜日に関係なく農休日が決められ、料理の種類や作り方までも同じであり、嫁と名の付く人々の苛酷さは、子どもの目にも痛々しく感じました。当時は多産であり、農繁期には昼休みにお産をしてすぐに田植えに出されたという話もさほど珍しくもありませんでした。姑同士の茶飲み話も時には楽しいものですが、村の隅から隅までの情報がその中で語り継がれるのです。

私の家は曾祖父母の代に他村で破産して家屋敷が人手に渡り引っ越してきた言わば〝よそ者〟なので、何かと疎外されてきていたようでした。祖父はだんだん深酒に浸るようになり、「ホトケさまのような人」が世間からのストレスに敗けて飲酒の度が増し、家族は苦しめられました。歳の瀬が迫ってから土間に積まれた何俵もの米俵が荷車に乗せられ、酒代として消えていくのを幼心に悲しく眺めていました。

祖母は働き者で、産婆と乳房のマッサージができました。医者に解剖学から教えてもらった腕は確かで、現在の多摩市周辺の村人に呼ばれ、「人助け」が口癖で、昼夜を分かたずリヤカーに乗せられて出掛けて行き、赤子をとりあげ、家にも連日のように乳の出の悪いという産婦が訪れ、世間話をしながら乳房マッサージをしてもらっていたことを覚えています。

また事情のある妊婦何人かが家でお産をし、養子の世話までしていました。たったの一度も難産の話を聞かなかったのは、祖母が相当の腕であったことと、昔の妊婦は丈夫であったことが幸いしたのでしょう。「おブンさん」という名前を知らない人はあまりいないほどの有名人でした。

祖母はまたよく物を読み、たくさんのお話をその合間に語り聞かせてくれました。忠臣蔵、梅若丸、安寿と厨子王、先代萩、親指小僧、牛若丸、おむすびころりんなど、たくさんのお話に勝手にイメージを作り出しながら聞くことがとても楽しみでした。

学校は好きでしたが、子ども社会にも何らかの優劣があり、成績が多少良かったことが生意気ととられ、結構いじめの対象にされました。

今の子は友達に何をされても教師や親に告げないといいますが、その気持ちは私には実によくわかります。大人に助けを求めたことが知れたときの仕返しの恐ろしさ、実際に手を下されるよりも「○○してヤル」という、その予告の縮み上がるような追いつめられた気持ちも、ひたすら親に心配をかけまいとする優しさと、忍耐により内に秘めてしまうのです。

一般家庭では本を買うゆとりなどなかったので、小学生になり初めて文字を教わった時の嬉しさは大変なものでした。教えられることすべてを吸い取り紙のように覚え、自分の頭に心にとり込んでいきました。みんな覚えてしまうから復習などは必要なく、「勉強する」ということの意味が何の事だか当分わからないでいました。

一番の楽しみは体操の時間に雨が降ることでした。屋体など当然ありませんから、教師は一時間たっぷり童話や物語を読んでくれました。二学年四〇人の子ども達は、じっと耳をすまし、ハラハラドキドキしながら児童文学のすばらしい世界を、大好きな教師の思想や表情を通して聴くことができました。

後になって知ったことですが、当時の進歩的な教師が取り組んでいた、生活綴方運動の活動として作文の研究授業が小さな分校でも実施され、教室に集まった他校の先生が見守る中で私の作文もモデルになり、三、四年生の頭ではとうてい理解できないむずかしい言葉が飛び交う中で、一時間緊張しっぱなしだったことを記憶しています。その作文は「赤い鳥」に載りました。

現在では中央線沿いの要所として開発が進み、住宅の密集地にある日野市立第二小学校はマンモス校となっています。開校百年の記念誌作成会議の折、生徒の作文と詩を一編ずつ載せることに決まり、選定を依頼した当時私の担任だった先生が、百年のうちにたった一遍、「これを」と言って出されたのが原稿用紙のままの「逃げたこぶた」という、かの作文だったと聞き心を熱くしました。

当時の子どもは末っ子でもなければのん気に遊んでなどいられませんでした。まず一番嫌なのは子守、大きな赤ん坊を背負わされていたのでは、縄飛びも毬つきもできません。泣くし、おむつが濡れれば替えなければならず、やっと歩き出した頃はとてもかわいいのですが、これまたチョコマカせわしくて目が離せない。転んでケガでもさせようものなら親からの大目玉は間違いなし、おまけに農繁期ともなれば、学校は半日で終わり、みんな家の手伝いをすることになっていました。兄弟だって一人や二人ではないので、子どもの時からすでに否応なく子守の達人になってしまったのです。農村の親の考えは、貧しさゆえに子どもを労働力としてとらえ、働き者であることが良しとされました。

学校が好きだったのは、その間だけ仕事をせずに勉強していればよかったのと、みんなで思いっきり遊べる休み時間があったからです。教科ごとに年に一、二冊しか買ってもらえなかったノートは実にキレイに無駄なく使い、習字は新聞紙を切って練習し、清書一、二枚だけ白い半紙に書く、画用紙も図画の時間に一枚だけ渡されて、絶対に失敗が許されないので楽しいどころか緊張し通しの授業でした。寒さの厳しい真冬でも暖をとるために各教室に大きな火鉢が一つあるだけで、替わりばんこにかじかんだ指先をのばすことがせいぜいでした。

昭和一〇年頃

一年生の時から軍国主義教育が施行され、教科書も「忠孝」（天皇に忠誠を尽くし親に孝行する）が強調されました。「お国のために戦地で戦う兵隊さん」がシンボルであり、何事もがまんしてがんばることが美徳であることを教えられました。

教職三名、生徒一二〇名そこその小さな分校であり、校内の掃除も用務員がいるわけではないので、すべて一年生から分担が決まっていて、机の上、床、廊下、トイレ、みんな先生と一緒にやり、雑布の絞り方から一枚を四面に折りたたんで使う効率の良さなども上級生から教わりました。お昼は弁当を持ってきても、家に帰って食べてきてもよいことになっていましたが、クラスの中には家の事情で弁当を持たせてもらえず、家に帰るふりをして田ん圃道をひと廻りして帰ってきている子もありました。子だくさんで育てきれなくなったという手紙を添えて地主の門前に赤子が捨てられていたことも大きな話題になりましたが、その結末は子どもの耳には伏せられたのです。

春と秋には遠足もありましたが、学年毎に行き先が決まっていて、一、二年生は京王線沿いの高幡不動、三、四年生は多摩村（現・多摩市）の明治天皇の記念館、五、六年生は多摩墓地（大正天皇のおはか）への参拝で、この参拝が一番の苦手でした。歩きづらい玉砂利が敷きつめられた長い参道を歩き、やっとの思いで重々しい木の柵の前に着き、深々とおじぎをして帰って来る。先生に何を祈るかは言われなかったような気がします。

当時は皇室の人々の移動も車ばかりでなく、「お召し列車」という車両も使われていました。年に何回か皇室の墓参が行なわれ、山手線原宿駅から中央線の浅川駅（現高尾駅）までノンストップで走る列車を、沿線の学校の生徒達はその度ごとにお見送りをするのです。四季を問わず長い時間整列して列車を待ち、近づいてくると合図があり、四五度に体をかがめて見送る。列車の中は見てはいけないみたいでしたが、「今度こそ」と興味いっぱいの子どもたちは、叱られないように気を付けながら当然そっと見ていましたが、白い服がチラチラしているうちに列車は「ゴーッ」と行き過ぎました。

つまらない時間でしたが、教育勅語は国民教育の柱であり至上命令になっていました。天皇は「現人神《あらひとがみ》」と教えられ、忠誠心が子どもの心に教育を通して課せられていったのです。教育勅語を浸透させる一つの方法として、小学五、六年生になると毎週土、日の宿題として筆の細字で全文を半紙に書いて提出しなければなりませんでした。質の悪い毛筆と紙質に苦労しながら手伝いの合間に一生懸命書いては出した、その難儀さは忘れられません。

子どもはいつの時代も遊びの天才です。玩具など何もなくても、子守をしながらでもよく遊びました。大地主の門前の広場は、子どものたまり場であり、石けり、陣取り、縄跳び、ゴム跳びなど西の山並を夕陽が染めるまで遊び、男の子たちは兵隊ごっこに余念がありませんでした。

教育に関心のある親は限られていて、一般には勉強よりも仕事を手伝ってほしいというのが本音でした。村の農家は大地主と中農、小作農に大別され、貧富の差も歴然としていました。我が家も父母で手広く耕作を行なっていましたが、収穫期には半分以上の収穫物を地主に納める上に戦時供出米を持っていかれ、いくらも残らない米俵を見て嘆いている父母を本当に痛ましく思いました。

そうした生活の中で座って勉強などはとてもできないので、小さい妹を連れて近くの神社へ行き、平らな庭土の上に木の枝でむずかしい漢字を何回も書き、覚えるのが楽しみでした。旧制の中学校や女学校に行く人はクラスでも一人か二人で、その人たちは問題集を用いた補習を放課後に行なっていました。

学期末には成績の発表がありました。親にも子にも勉学の気風はなく、小さな分校のレベルと入試結果に先生は神経を使っていたのでしょう。先生のモットーである「なせばなる、なさねばならぬ何事も、成らぬは人のなさぬなりけり」、この諺を口にしながら私の方をチラリと見て、「今学期の一番は、残り勉強（補習）を一度も受けたことのない人です」。教育熱心で謹厳な分校長の担任から告げられた時の何か申し訳ないような気持ちは今も覚えています。

お正月の書き初め大会はいつも金賞か銀賞で、これは家族も喜んでくれました。六年生の卒業の時には日野町（現日野市）の本校と二つの分校からそれぞれ一名ずつ選ばれて表彰式に参加し、町の有力者、安田財閥から賞状と立派な箱をもらいました。父親への気兼ねと友達の嫉妬の中で置き場所もないような、「昭善」という金文字の入った大きな箱でした。

戦争と子ども

忠君愛国

修身（精神教育）の時間には、「忠君愛国」が徹底的に教え込まれました。

「天皇は、かしこくも天照大神《あまてらすおおみかみ》の子孫であり、現人神《あらひとがみ》であらせられる」

太陽と同一化された光り輝く偶像としてイメージさせられ、その神のために死ぬことが至上の栄光であること、その一例として教科書に載っていたのは爆弾三勇士、「日露戦争の時、三mもある爆弾を三人でかかえて敵の防塞に飛び込み爆破し味方を勝利に導いたまさに軍人の鑑《かがみ》である」。

そうして、「軍神」として靖国神社に祀られていることが厳かに語り伝えられ、富国強兵の国政方針は学校教育を通してしっかりと根付いていきました。

しかし、いつの時代も子ども達は自由にものを考えるゆとりといたずら心をもっているものです。

「天皇陛下ってウンコするかなあ、ウンコしたら人間だよな」

「オレ、神様だったらウンコしないと思うな」

「何だかヘンだよな」

「爆弾三勇士の肉、テツジョウモウにひっついて、気持ち悪かったろうな……」

きかんぼうの発言にみんな痛々しさと同時に、たまらない吐き気を催して散っていきました。

出征兵士

まっかな椿の花の下、白だすきの村の青年団長のSさんがきりっとした姿で駅に向かいます。東京南多摩地区のスポーツ交流会で健脚を鳴らしたあこがれの選手です。「祝入営○○君」親戚や知人から贈られた錦のように立派な幟の幾筋もの旗がその先頭を飾ります。町内会の人々や三年生以上の生徒達が日の丸の小旗を振り、軍歌を歌いつつ行列を作って名誉の出征兵士を送りました。男の子達にとってはまさに英雄そのものでした。

「天皇陛下の御為に、自分は命を捧げて戦います」

割れるような一本調子のトーンで会衆に別れの挨拶を告げる若者の心は、愛、恋、そして家族の優しさ、つまり「人間」への決別を告げる自らへの宣言だったのかも知れません。

新聞紙上に戦勝の報は、日々大きく一面を占めるようになり、情報統制によって真実が伏せられている紙面は、いやが上にも好戦意欲と、民族の優越意識を高めました。後になって分かりましたが、戦いが苦境に立たされると指導者の焦りは末期的な無残さの中においてもなお自己責任を回避するために、「聖」なる表現によって民を鼓舞し、必勝の意欲（捨て身）の精神を高揚させることを常道とするということです。

支那、朝鮮、満州、ロシアに、「勝った、勝った」と得々と話してくれる大人の話を、子どもなりのイメージで聞きました。つまり「戦地」という映画の画面になぞらえるその場所で、当時、島田啓介のマンガ『冒険ダン吉』、宮尾しげを作の時代劇風のマンガ、また『タンクタンクロー』、今思い出してみても秀作と考えられるマンガ読み物が流行していましたが、それらは決して「血」が描かれず、人間なり動物なりが輪切りにされても、また走り寄ってくっついて動き出すユーモアに溢れる内容でした。つまり、そのイメージで大人の話を聞き、ひとかけらも敵国の痛みを教えられない子ども達は、神国日本、聖戦を素直に信じて成長していきました。

出征兵士の見送りは頻繁になり、友達の父が、兄が召されていきました。愛国婦人会のたすきと、白いカッポウ着をかけたおばさん方が毎日のように学校に「千人針」を持って姿を現しました。千人針も最初の頃は白い晒《さら》しに小筆のうしろに朱肉をつけて印を押した手作りで、縫いとりもとても面倒でしたが、そのうちに猛虎を印刷した既製品が出廻るようになり、縫いとりもついにはフランス刺繍のフレンチノットステッチ（小さい糸玉）となり、虎年の女性が歳の数だけ縫いとるきまりが、虎年ならいくら縫ってもよいとなり、女の人なら誰でも……と崩れてきました。

千人針も最初は子どもの目にさわやかに映り、虎年に生まれたことを密かに誇りに思ったりもしていました。しかし、そのうちに千人針を見ると、良心のとがめを感じつつも、そっと皆遠のくようになってきました。あまりにも数が多すぎたのです。出征兵士の見送りもクラスで交代で行くことになりました。勤労奉仕で授業時間が削られ、そのうえ頻繁な見送りは教育課程をこなすのに大変なことになっていたのだと思います。

小国民

「小国民は国の宝」という言葉が生まれ、子どもは天皇の赤子《せきし》として大切に扱われるようになりました。

「大きくなったら何になるの」

「ツヨイ　ヘイタイサン」

子どもは大人の願望を敏感に悟り、気に入られるように振る舞おうとする性をもっています。大人達は、その答えに一様に拍手を送りました。狭義の国粋主義に国は一色となりました。

一九三七年（昭和一二年）日中戦争に突入。子どももだんだん忙しくなってきました。毎週日曜日の神社参拝（戦勝祈願）、そして出征兵士の留守宅への勤労奉仕（畠の草取り、桑の葉摘みなど）、お腹の大きい若いお嫁さんが働く姿が気の毒でした。

先生の説明はよく理解できませんでしたが、「日独伊防共協定」というものが結ばれたそうで、ポスターを描かせられ、日本人と茶色の髪の男の子二人、その一人に「カギ十字」の腕章をつけたことだけは鮮明に覚えています。そのポスターは入選したそうで手許には戻ってきませんでした。

「大東亜共栄圏」という字が大きく黒板に書かれ、

「日本は神国である。やがて神風が吹き勝利のあかつきには世界の光となる」

神武天皇の弓に金色の鳶がとまり後光《ごこう》がさした古事になぞらえて教えられました。神とは天照大神、皇家の祖先であり、祈りは国の繁栄だけに限られていました。イギリスなど植民地を多く持つ国の偉大さが強調され、「日本が世界の光と輝ける国」になった場合、遅れている公共性を高めなければならないことなどが強く教えられました。

またその半面、たくさんの蔵書を持つ先生は、小川未明、坪田譲治などの童話を読み聞かせ、白秋の詩を紹介してくれました。また教室の文庫にはグリム、アンデルセン、イソップの童話集があり、借りることができました。

昭和一四年

友達のお兄さんが戦死しました。村の青年団のリーダーでした。高さ二mもある、岩をあしらった立派なお墓が建ち、名誉の戦死者として全校生徒が参拝に行きました。

数少ない店の商品もだんだん少なくなり、調味料もお菓子もキップ制になり、太った駄菓子屋のおばさんがやたら横柄になりました。

「ほしがりません勝つまでは」

政府は国民の精神統一を図るために賞金つきの標語を公募し、小学生がこの標語で当選しました。年寄りから幼児までの流行語となり、次第に苦しくなる日常生活に耐えながら必死になって勝つことに希望をつなぎました。

衣類も配給制になり、ウールと綿製品が店頭から姿を消し、「ステーブルファイバー」と称する化学繊維が配給になりました。ベロベロしていてコシがなく洗えば縮んでしまう粗悪品の上に吸水も悪く、おむつにも雑巾にもならず、親たちは困りきっていました。一点の衣料も手に入らなくなった生活に、「昔はよかった」が人々の口癖になり、幸いどこの家にもあった和服の在庫をほどいて仕立てなおしては寒さ暑さをしのぎました。

母に継ぎはぎしてもらったたった一足の靴、それも足袋屋さんに作ってもらったものなので防水はしておらず、水たまりや雨降りにはいくら気をつけても濡れてしまい難儀をしていました。ある日、珍しく靴の配給があり、クラスに何足かの割当てなのでハラハラドキドキの抽選会、日頃くじ運の悪い私がやっと当たって買ってもらった富士山の形につま先までゴムのかかった「アサヒ靴」の匂いが忘れられない有難さでした。

作文の時間は、出征兵士への激励文をよく書かせられました。

「戦地の兵隊さん、お国のために一生懸命がんばってください。銃後はわたしたちで守ります」

留守家族の勤労奉仕の様子など、できるだけ心をこめて書きました。よく物語に出て来るような戦場からの返事は誰ももらいませんでした。

泥沼化した日中戦争、考えてみれば通信網も途絶えていたでありましょう、破壊が繰り返されている戦場ではそれどころではなく、食糧は尽き、人馬共に泥水につかって行軍していたというあの中国前線に、赤紙一枚で召集されて先の見えない戦闘を強いられていた兵士の苦労もさぞかし並々ではなかったことと思いました。

一五年戦争

私は家の都合もあり、高等小学校に在籍していました。日野町の市街地にあった本校は木造二階建ての大きな校舎でした。

学校の勉強時間は半分になり、教科書も飛び飛びで授業を教える方も教えられる側も苦労しました。クラスの人数は六二名、もちろん先生は一人です。養蚕試験場での勤労奉仕、出征兵士留守宅の広い田畑の草取り、養蚕の桑の葉摘み、校庭を開墾して植えられた軍用の麻の手入れ、松ヤニの採集、空き腹にこたえる長距離歩行、雨の日だけやっと安心して教室に座ることができました。生徒の成績はひどいもの、その中でいつも何とかまともな点数をとるということで級長を命ぜられ、学級の事務の一部、級友の世話や先生の使い走りまで手伝いが加わりました。

学びたい年頃にそれが満たされない悲しさ。たった一燈の裸電球、夜なべをする母のそばで教科書をせっせと読みました。歴史、地理、国語は何とかわかりましたが、数学や実験を伴う理科は難解で手のほどこしようもなく、英語は「敵セイ語」だからということで教科から外され教科書もありませんでした。

「勝ったら余計敵の言葉がわからなくては困るだろうに……」

何となく、大人たちのやっていることに不安を抱くようになりました。

その頃「コックリさん」というものが流行しました。願いごとを紙の中央から放射線上に書き、三本の箸などの上部を束ねて中心に立ててまわりをとんとん叩きながら願いごとを唱えると「コックリさん」が乗り移って霊感で啓示をしてくれる。いつでも誰でも願いは一つ、「戦争はいつ勝ちますか」。紙の上には向こう一年ぐらいの歳月が双六のように書かれており、周りをとり囲んで一喜一憂していました。

しかし、そのコックリさんも実に気まぐれで好き勝手に止まるため、油揚げの弁当を持ってきた友達がコックリさんを惑わすと言われて困っていました。「勝った、勝った」の威勢のよいニュースにひきかえ、物資も欠乏し、国民は一日も早い戦争の終結を待ち詫びるようになっていました。

靴の配給もなくなり、藁草履で通学しました。祖父から草履の作り方を教えてもらい、自分のものから妹達の分まで作りました。下着は継ぎはぎだらけ、パンツにも不自由し、母は有り布で縫ってくれました。糸も針もキップ制になり、石鹸、歯ブラシ等の日用雑貨も手に入らず、結局民需に向ける労働力も資材、原料も底をついていたのでしょう。

学校教育の中に満蒙開拓義勇軍の募集が持ち出され、キリッとした男の子が大陸の雄大な大地に立ち、夕陽を浴びて大空を見上げるという、とってもカッコいいポスターも貼られ、少年達の夢をそそりました。しかし貧しい農村の級友達もそれにあこがれてはいましたが、誰も志願しませんでした。家の働き手であることと、親には年若い息子を未知の世界に送り出す不安があったのではないかと思います。

後になってみれば、国家の行きづまり政策の犠牲になり、どれ程多くの有能な青少年が極寒の満州で敗戦時に命を落としたか、貧しさと、親達の判断による級友達の救いを思わずにはいられません。

私がかなり抜群の成績ということで、学級主任が「授業料の少ない女子師範学校へ行ったらどうか」と勧めてくれましたが、私の手伝いがどうしても必要な我が家の生活を考えると親に言い出すこともできず、ひとり諦めながらも、子ども心に淋しさがよぎりました。

戦争未亡人も増えていきました。秋の夜半、妙な物音に目を覚まし、恐る恐る聞き耳をたてて台所におりてみました。それは隣家の裏口ですすり泣く女の人の声だったのです。一年前婚約者と出征をひかえて式を挙げ、半年後に未亡人となり実家の手伝いに帰っていたH子さん……昼間はあんなに明るく振る舞って居られるのに、……私は戦争を酷いと思いました。

めったにない大雪の朝、生徒に人気のあった、最後まで残されていた青年教師Y先生と校門に並んで別れを告げました。故郷に帰り入隊するとのことでした。

太平洋戦争へ

一九四一年一二月八日(昭和一六年)、私が一四歳のとき大東亜戦争に突入、新聞の一面は天皇の宣戦布告文と時の総理東條首相の写真、ハワイの真珠湾を攻撃して無敵大勝との記事、事実を全く知らされない国民は湧きに湧きました。

日本は強い、これでじゅくじゅくと続いてきた戦争が一挙に勝利し、八紘一宇《はっこういちう》の精神による世界制覇が現実となる。(私は朝日新聞をこの日の号から大切に保管し続けました。)旗行列、提灯行列は津々浦々まで行なわれました。

「日本は神国であり日本人の一人ひとりは神の分身であり、その分身の行為はすべて聖なるものである」

半面はすべて被いつくされたこの精神主義の論理に、国民の大半が洗脳されていたわけですから、事は簡単だったのです。反戦の志を抱いていることが判明すれば直ちに連行される。その結果は不明ということもささやかれ、大人も子どもも言葉に気を付けるようになりました。

ニュースは連日敵艦撃沈、我が軍の被害は僅少、「神国」を確信していたのですから、疑うことなくお上の発表を信じました。しかし日本経済は逼迫し、軍需が優先されることにより日常生活用品はますます少なくなり、衣食にも不自由するようになりました。一日も早くこの戦争が神風によって吹き飛ばされ、昔の生活に戻りたいというのが国民の本音でした。

化学肥料の配給も少なくなり、働き手と肥料不足がもろにこたえて穀物の収量は減りました。米、麦の供出量も強制され、割当てが収量ギリギリでも完納が義務付けられ、不足分を知り合いから買ってきて間に合わせている両親に、

「こんなのってないよ、とれなかったんだから、そう言って割当て減らしてもらえばいいじゃないの」

「何言ってんの、お国のためだもの、仕方ないよ」

「お国のため」、それは耐え忍び抜く庶民に課せられた戦いだったのです。

妙なことはまだありました。衣料キップというものができて、点数制で衣料が配給になりました。最初の頃は足袋とかシャツとかまともな物が手に入ったのですが、この頃になると我が家のように、父の他は全員女の世帯にも一枚ずつ「ももひき」が配給になったりしました。それは、三歳児がやっとはけるような大きさで、昔の車やさんが身につけるようなデザインでした。母はブツブツ言いながらほどいてみましたが、三角布の寄せ集めなのでろくな雑布にもならず、「布のままで配給してくれればよいのに」と、拝みたいような木綿の、しかも何にもならない端布を前に悔しがっていました。

「あるところにはある」、この言葉が「欲しがりません勝つまでは」の裏をゆく不信の言葉として暗に耳打ちされていました。

海ゆかば

私は家の経済的理由と国のために何かをしたいという気持ちで、立川陸軍航空廠に勤めました。朝は六時三〇分から夕方六時三〇分まで一二時間のハードな勤務でした。毎日前線から無線で連絡が入り、要請された飛行機の部品を調達して空輸する、まさに最前線と直結している陸軍直営の施設であり、軍人がすべてを直轄していました。

驚いたことに、紙類をはじめ事務用品も街には全くない品物が豊富にあり、時折お菓子すら支給されました。昼休みに散歩に出ると航空兵の食堂からいい匂いがしてきて「きっとご馳走なのよね」と羨む一方、明日の命も保障されない人に思いを馳せました。

やはり半年もしないうちに、若者達は応召され、私達と同年代の仲間達は予科練等少年兵に志願して「元気でな、楽しかったよ」

そんな言葉を残して有能で好ましい青少年達は戦争に征ってしまいました。

海ゆかば　みづくかばね
山ゆかば　草むすかばね
大君の為にこそ死なめ
かえりみはせじ

航空廠のスピーカーから絶えず流れていたあのメロディは、純真で多感な青少年に正義の戦に身を捧げる忠誠心を湧き立たせるのには充分すぎる効果をもっていました。

桜吹雪の下に共に机を並べていた友人が召集されていきました。私はその姿が忘れられなくて、その日の桜花を押し花にし今も大切に持っています。その友人は半年後に空母千代田に乗り、艦長の従兵として最後まで艦を守り南海に散りました。淡い初恋だったのです。

広い事務室の中から若者の姿は全く消え、仕事は前に増して多忙になりました。私は朝夕の通勤ラッシュと過労で健康をそこね、三ヵ月休養をとって比較的通勤に楽な〇〇飛行機株式会社にタイピストとして転職しました。

すべて機密とされているので詳しいことは分かりませんが、ものすごい規模の会社でした。人事課のタイピストなのでまたまた忙しいこと、社長や幹部は軍人だったようで絶えずサーベルを下げた将校が出入りしていました。

学徒動員のかわいい少年達が地方から集められ、隊列を組んで工場の中に入っていきました。次々と工場は拡張され、従業員は増えていきました。しかし無理を重ねている社会機構のバランスが次第にくずれ、この大人数の人間の用いるトイレの汲み取りが間に合わず（まだトイレも汲み取りの時代）、男性はまだしも、うず高い汚物の中では、女子職員は一日中用を足すことに困り果てました。

昼休みに飛行場へ友達と散歩に出掛けました。飛行場には銀色に輝くたくさんの飛行機が並んでいました。立川航空廠で見た飛行機に比べると、まるでおもちゃのようなチャチな感じでした。工員さんに尋ねました。

「○○さん、あの飛行機本当に飛べるの」

「飛べないんだよ、オトリさ、弾丸《たま》よせ機、アメさんが積んできた爆弾をあれに全部落とさせて工場を助けようってわけさ」

「だって、爆撃機に搭載されている爆弾の大きさや量にもよるでしょうに」

「つまりもうこの会社じゃあ機材も入って来なくなり、あんなものしか作れないのさ、ともかく、員数を揃えなくちゃなんねえし、早く「神風」吹かなきゃどうしようもないってことよ」

若い女の子の質問なので、工員さんも気を許していろいろ教えてくれました。上層部の人々の考えはどうなっているのか、こんな事態になっても「神風」だけが頼りとは……。

私は、次第にその職場で働くことに空しさを感じるようになってきました。関東のからっ風は並木の落葉をもて遊びながら、あちらこちらに吹きだまりを作っていました。色彩の消え失せた街並、ほこりにまみれたショーウインドウ、それらはさびれきった立川の冬を一層わびしいものにさせていました。

私は街角の本屋でたった二冊売れ残っている本を見付けました。岩波文庫でした。ジョルジュ・サンドの『バラ色の雲』、ヨハンナ・スピーリの『アルプスの山の娘』。私はむさぼるようにこの二冊の本を読み、作者の心に触れました。そうして自分の知らなかったもっと大きな世界があることを予感したのです。友のために家族のために自分のことまでも祈りすがれる神の実在を。

もちろん、インテリの家庭、もしくは情報通の環境で育った人々はそれなりの知識を持ち、判断力も備わっていたと思いますが、ごく平凡な農家で読みものといったら朝日新聞だけといった私は、完全に「八紘一宇」、つまり無敵日本の世界制覇の目標に塗りつぶされた教育によって育ち、直線思考、わき見の許されない精神の置場は全く他を振り向くことができなかったのです。

若き乙女の血は燃えて

若い血は正義に向かってほとばしる。仲の良い同僚に自分の想いを告げました。いくら情報を権力で統制していても、国民は敗け戦であることを肌で感じるようになっていました。もし本土決戦が来たら、よりよい「ご奉公」のできる道を選ぼうと。

友人は日赤の救護看護婦に、私は陸軍生徒教育隊にそれぞれ入学、入隊しました。昭和一九年（一九四四年）の初冬でした。全国から選ばれた健康な少女一五〇名が、世田谷区代田町の空いていた音楽学校校舎を宿舎にし、朝は六時に起床、銃こそ持ちませんでしたが、前線を想定した厳しい訓練が課せられました。食事と寝具は足りていましたが、入浴が週二回、洗剤も十分にあるはずはなく、すぐに頭ジラミ、肌ジラミに悩まされる有様でした。

〃陸軍で最初の試み〃とされていただけあって、教官は東京市内の大病院の院長、医長という肩書の学者で四十代を過ぎてから召集された方々で、講義も臨床をふまえ、本当にわかり易く丁寧でした。お粗末な衛生兵の教科書と一冊支給され得たノートはいっぱいに書き埋められ、教官達はどんな質問にも優しく答えて下さいました。

中でも生徒に人気のあったのは薬学のS教官でした。授業時間を延長しては、いつも楽しい話をしてくれました。

「君達に今日はオレの宝物を見せてあげる」

私達は何が出るかと、じっと目をこらしていると、教官はわざと重々しくカバンの中から一枚の写真をとり出しました。キャビネ版の写真には、奥さんと九人のお子さんが三角定規を当てたように右から順に並んでいます（神奈川県下に大きな薬局をもち、薬学では著名な方なのだそうです）。「第一の宝は奥さん、そして九人の子宝。君達も早く奥さんになれ」（時代からいってもあのお子さん達は今もご健在ではないでしょうか）

「天皇陛下のためには、身は羽毛のように軽く命を捧げよ」と教えられていた当時のこと、「家庭の幸せ」など誰も思いも及びませんでした。生徒はこの方に「奥さん教官」というニックネームをつけ、親しみを感じました。Ｓ教官が教室に入られると、すぐ誰からともなく表情がほころんでいきました。

「薬は毒物である。皆驚くだろう。確かに薬は人の命を救う。しかし、反面必ず副作用というものがある。即ち人間には神から受けた自然治癒力というものが備わっている。薬はそれにプラスとマイナスの作用をもつのだ。要するに、人間は病気をしてはいけない。病気をし薬を用いると、必ず生態の部分が損なわれる。医学は予防第一でなくてはならないのだ」

陸軍看護婦生徒教育隊のメンバー（後列左端が筆者）
第一期教育終了の日（昭和20年3月30日）

講義はしばしば延長し、班長も共に聞き入っていました。

「日本も各国からさまざまな迫害を受けたのは事実である。でもこの戦争は、はっきりいって日本の領土拡大のための侵略戦争である。イギリスやフランスの植民地政策を真似て、いま南方に手をのばしたが昔とは事情が違う。もう輸送力は限界を越え、すでに敗け戦が続いている。日本にはもう飛行機も軍艦もないのだ。竹槍で戦うしかないのだ。アメリカの新鋭装備に向かっていく覚悟は君達できているか。男は死ぬだろう。だが敵だって傷ついた者を一所懸命看る少女達を殺しはしないだろう。何としてでも奥さんになれ。そして日本人の血を残してもらいたい」

教育隊付きの下士官が教室から出て行きました。S教官はその日を最後に教室には姿を現さず、生徒達は「営倉（軍隊の獄）」とも、千葉の九十九里に廻されたとも噂し、S教官の身柄を心配し続けました。（九十九里浜にアメリカ軍が上陸してくるという作戦上の想定ができていたようでした。）

あまり知られていないと思いますが、軍隊というところは実によくテストをしました。しかもそのコワさは、成績によって序列が決まり、点数のよい者から上官となり、昇給の給料もその順となるのです。だからみんな必死で勉強をしました。

あっけらかんとした死

この間に、三月一〇日の東京大空襲がありましたが、畠の多い世田谷代田地区には爆弾は落とされず、毎日のように友人達の家の焼失と家族の死が告げられました。生徒達はなけなしの小遣いを出し合って金包みを作り、お見舞をし、せめてもの気持ちを伝え合いました。

日本の自滅が本能的に感じられ、「神風」はもう誰も期待しなくなっていました。陸軍病院という国際法で守られていた場所にいて無残な死を見ることもなかったので、「どうせ順番なのだ」と、友人の家族の死についても、あきらめというより「命」に対して実にあっけらかんとしていました。

空爆は激しさを加え、宿舎の窓から毎夜燃えさかる焼夷弾が見えました。そのたびに庭に急造された防空壕に入りました。

「こんな中に入らない方がかえっていいんだって。弾が落ちたらまとめてあの世行きだものね」

情報がしっかり管理された陸軍病院から外出の許されなかった生徒たちは、焼け野原になっていた京浜地区の惨状さえ想像することもできなかったのです。防空壕の中では食べ物の話ばかりしていました。

教育期間は繰り上げられ、関東地区の陸軍病院へ配属を命ぜられ、私は世田谷の大蔵病院と決められて、三十数名の仲間と共に出発しました。出発間際に忙しい教育隊生活のわずかな合間に仲良しになった近所の子どもたちに小さなマスコット人形を作ってあげて別れを惜しみました。近々集団疎開で田舎に行くといっていた上品でかわいい子どもたちの何人かは、その後の空襲で亡くなってしまったという話に心を痛めました。

大蔵病院は木造平屋のものすごく大きな病院で、患者の数も多く内科が主で第一、第二、第三と分かれ、主に肺結核の患者を病状別に入院させて治療を行なっており、外科も何棟かありました。宿舎は徒歩十分程のところにある円光寺という由緒あるお寺でした。その辺一帯は野菜畑で、NHKの放送研究所の桜が美しく咲いていましたが、門は常に閉ざされて「立入禁止」の札が冷たく、時折軍人の姿が見えました。

この病院で午前中は授業、午後は現場実習の生活が始まりました。教育隊長のF教官はとてもステキな方でした。「君達も疲れるだろう」と夜な夜な空襲のために安眠できない生徒たちの健康を案じて、天気の良い日は付近のゴルフ場に連れて行き、芝生に横にならせて講義をしてくれました。空は青く、白い雲がゆったりと流れる。戦争をしていることが不思議であり、自分が生きていることも不思議でした。

講義が終ると、川崎重工業の優れた外科医だったというF教官は洋楽（クラシック）の話をしてくれました。そして、たくさん集めたレコードを防空壕の中で焼失したと惜しそうに語っておられました。「また平和になったら、一緒に聴けるだろう」というこの教官の下で、生徒達の新しい生活に対する不安も薄らいで行きました。

しかし、それは長く続きませんでした。

「生徒たち、本当に楽しかった。私は命令を受けて出動する。行く先はわからない。元気でな。身体に気をつけて」

気性の激しい班長は怒っていました。

尊敬していた教育隊長

「まったく病院は腐っている。人格者はみんな九十九里（米軍上陸予想地点）に行かせれば気が済むとでもいうのかしら」

後任の教育隊長は、顔色も悪くブヨブヨ肥った大尉で、いつも具合が悪いと生徒の前にはほとんど姿を見せず、ある日廊下で倒れ、大騒ぎをしているのを目撃しました。モルヒネ中毒だったのです。

もう戦争には勝てないのでは、不安が募りました。

衛生兵たち

軍の物資も底をついてきたのか、入隊してくる衛生兵たちの軍服もかなりくたびれたものでした。軍靴も中古品で、しかも召集された兵隊は四十過ぎ、何ともサマにならない軍事教練を見ていると、気の毒としか言いようがありませんでした。もう中学生の子どもがいるようなおじさんたちです。職業も、職人さん、万歳師、役者、坊さん等、それぞれの道で著名な人も多かったようで、背に腹は代えられない状況のために召集されてきたのではないかと思われました。気合の入らないことおびただしく、下士官は終日ブーブー怒っていましたが、そのうち諦めたようでした。経歴もはっきりしていなかったのか、昨日二等兵でみんなに慣れない手つきで敬礼していた人が今日は将校になっていたりして、何だかハチャメチャな感じでした。

勤務中の私語は禁じられていましたが、古参兵のおじさんたちが朝夕の立話で結構いろいろな裏話を教えてくれました。

患者たちと

患者、つまり傷病兵です。戦場で傷つき、あるいは病気を患った兵達が復帰をめざして治療を受けているのです。みんなゴツイ看護婦さんより、年若く純真な生徒たちに好感をもっていたようですが、注射の時だけは渋い顔をして、

「またモルモットかぁ」

若い娘たちの上達は早く、モルモットさんたちも顔をしかめないですむようになりました。

白い病衣は灰色に染められ、日に何回も空襲警報がうなり、防空壕へ出入りしました。病院の壕は朝鮮人の労務者が掘ったとかで、ずい分しっかりしたものでした。痩せていても男の人は重い、担架に乗せて患者を運ぶ病院の窓から、機銃掃射を受ける、それを避けながらの避難は大変な作業で、重症者はつぎつぎに死んでいきました。

個室十部屋の一室にわがままな人だとみんなに敬遠されている若い患者がいました。関西の大きな寺の息子ということでしたが、病状は明らかに末期にもかかわらず、待っていた家族も面会には来られませんでした。

「生徒さん、今日は自分をこのままにしておいてください。そこにある袈裟を毛布の上にかけてください。」

私はそのようにしてあげました。しかし彼の願いは聞き入れられず、その日も壕に入れられ、間もなく死にました。二週間ほどたってから、品のよい老婦人が空襲の最中、お骨を引き取りに寄って行かれました。

「息子の日記に書いてありました。親切にしていただいたそうで有難うございます」

身体を拭いてあげたこと、南京虫（あずき大にもなる吸血虫）をつぶしてあげたこと、最後に袈裟をかけてあげたこと、一人の青年が感謝と記していたのは、これだけのことでした。しみじみと若い命を惜しいと思いました。

また、空襲の合間に芝生に出てよく歌ったものでした。

『月の砂漠』『浜辺のうた』『叱られて』『湖畔の宿』など……。

禁じられた遊びのように「人間を、青春を」歌い、青い空、白い雲にしばし身をゆだね、時をゆだねて「いま」を忘れようとしました。

「戦場でまた逢おう」

同じ言葉を残して去って行った青年たちの書き残してくれた手紙があります。ある人は高村光太郎を、シュラエルマッヘルの言葉を、自作の詩を……胸を病んでいた傷病兵には、学徒出陣やその他インテリが多かったようです。

八月一五日

その日はことのほか静かでした。

珍しく前夜は空襲もなく、しばらくぶりでゆっくり眠れました。

「どこか関西の方に新型爆弾というものが落とされたそうだ」

噂としてみんなの口に上りましたが、自由行動は許されず、陸軍病院の周辺、平和な世田谷区の農村しか見せられない私たちは、東京大空襲の被害さえ想像できず、まして新型爆弾というものから何のイメージも惹き起こすことはできませんでした。

「生徒は全員本部前に集合するように」

「何があるの……？」

　衛生兵は、

「わかんねえ、敵さんの上陸が始まったのかな」

　何か本能的な危機感を抱きつつ、兵隊も看護婦も生徒も軽症患者も、本部前の広場に整列しました。

「これからかしこくも天皇陛下の重大放送がある。謹んで聞くように」

　病院長の声は重々しく、続いて玉音放送。

「なんじ臣民……耐えがたきを耐え、忍びがたきを忍び……」

　それ以上ははっきりわかりませんでした。

「どうしたの？　何なの？　敗けたのかしら？」

　異様な静まりが空気を制し「敗戦」、参加したものはその事実だけを確認し合いました。

敗戦

　これからどうなる。不安は募りました。

「ともかく生徒は病院から出ないように」、きつく命令されました。病室へ行ってみると、患者たちは一様に沈痛な顔をして、歳若い私たちの身を案じて、一生口に出したくないであろう自分たちが支那（現中国）で行なってきた敗戦の実態を語り聞かせてくれました。住民の惨殺、特に痛みとして苛まれている、命令とはいえ子ども、妊婦を刺し殺したこと、婦女子への聞くに耐えない仕打ち等々。逃れようもない敗戦という現実への不安は、新聞一つ読めない狭く隔離に等しい立場に置かれていた私達は立ちつくすのみでした。

「神風はとうとう吹かなかった」、まだそのようなこと考える稚なさもどこかに残り、空襲のなくなった夜、長い間の睡眠不足が一挙に噴き出し、ともかく眠り続けました。

翌日病院へ出勤してみて驚きました。衛生兵の兵舎がガラ空きでした。あの年配の新兵さんたちが、その夜のうちに私物をまとめて逃亡してしまったのです。

「チキショウ、世が世なら重営倉（軍の獄）ものなのに」

現役兵たちは悔しがっていましたが、特に探索する様子もなく、「みんなオヤジだもの仕方がねえよ」と諦めていました。この期に及んで何の責任もとらず姿を消した中年男のエゴが情けなく腹が立ちました。

教育隊長から何かしら訓示を受けましたが、例のモルヒネ中毒の大尉のしどろもどろの言葉を誰も真剣に聞いていませんでした。患者の移動が始まり、軽症者はどんどん故郷に帰され、重症者も移動しました。広い病棟はガランとしてしまいました。

九月の初めに、私たちの病棟に朝鮮人の患者が入って来ました。カルテを見ると、一名は相模原兵器学校の学生で一八歳の伍長、他は徴用された軍の要員たちでした。八丈島へ派遣されて、壕を掘っていた人達ということで温厚そうなおじさん達で、よく掃除を手伝ってくれました。

私は牛乳ビンに野の花を活けてあげたりして次第に親しくなり、それまでもっていた「朝鮮人」の印象とはあまりにも異なる人々の姿に、知らされてこなかった実態に疑問を抱きました。ただひとり日本語の話せるその青年に問いかけて、私は愕然としました。

「この人たちはみんな仕事の最中に、さらわれるようにして連れて来られたのですよ。家族に会うことも許されずに引き立てられて来て、重労働を課せられ、体をこわしました。たくさんの人が死にましたが帰国できるこの人たちは幸いです。ですからみんな明るいのです。自分は地主の息子です。父は戦死し、在学中に軍隊に志願すると言ったら、お祖父さんが泣いて怒りました。『恨み重なる日本のために命を捨てるのか』と言って……。でもどうせ連れて行かれるのなら、志願兵の方が処遇がいいと思ってお祖父さんを説得しました」

「そうですか、朝鮮の人はみな日本を嫌っていますか?」

「大部分はね。でも戦死された山本五十六中将は別です。あの人は朝鮮人のことを考えてくれた人格者でした。彼だけは尊敬されていました」

そんなはずはない。日本と合併した国朝鮮は弟の国であり、地図の色分け通り区別のない政治が行なわれている、と教えられていたのに……。私は敗戦の深部を知った思いでした。私は彼から耳をふさぎたくなるほどの話を聞かされ、心が沈みました。「早く祖国に帰り、自由になった祖国を再建しなければ」というのが彼らの願いでした。

出発の朝、「こうしておけば長持ちするよ。長い旅だもんな。立場が逆になった。おてやわらかに頼むよ」。衛生兵達は、生米をアルミ食器でカラカラと煎ってはガーゼを重ねて縫った袋に入れて一人分ずつ彼等に渡し、熱い湯をさせば即席のお粥になることも教えてあげていました。幾度もお礼を言って去り行く後ろ姿を見送りながらも、まだ気持ちの整理がつかず、言い知れぬ不安に襲われる日々が過ぎていきました。

厚木の飛行場に八月三〇日に進駐軍が到着、マッカーサー元帥の統治、ヤミ市、いろいろな世相が混然として敗戦国日本の顔をあらわにしました。米軍の兵士も紳士的で恐れていたような問題も起こらず、草の根まで食べていた日本国民にどんどん食糧を補給してくれ、救世主の感がありました。まことに有難い占領政策でした。

外出も許されたので、友人達と新宿、池袋、銀座に行ってみました。黒こげの建物の骨組み、一木一草もない首都東京中心部の残骸の中に立ちつくし、戦争の恐ろしさを噛みしめました。

さいはての人間

秋に入ると、あわただしい中で我々陸軍看護婦生徒の繰上げ卒業式が行なわれました。陸軍解体の直前、最初で最後の東部軍指令部から発行された卒業証書が病院長から東京第二陸軍病院所属の生徒四〇名に手渡されました。他の陸軍病院に配属された百一〇名も同様に、連日の空襲の中、上司、先輩に守られて無事にその日が迎えられたことを知り、複雑な心境の中にも命が守られたことを喜び合いました。

ガランとした病院はにわかに活気づきました。外地からの引き揚げが始まったのです。最初は中国からでしたが、軽症で礼儀もわきまえた人たちで、一、二週間でどんどん転院して行きました。看護婦たちは日本各地への患者護送に忙しい毎日が続きました。

続いて、南方戦線からの引き揚げが始まり、ニューギニア、ソロモン群島、フィリピンなど、無謀な戦闘に追いやられ食料も武器もなく全員壊滅と報道された島々から米軍によって救助された兵たちが、日夜引き揚げ船の到着を待って車で運ばれて来ました。すぐに重症病棟も軽症病棟もいっぱいになりました。

病名「マラリヤ、栄養失調症」。眼は落ちくぼみ、頭髪は抜け、皮膚はザラザラして生気は失せ、米軍から支給された捕虜用の服を引きずるように歩く姿に、これが老人でなく二十代、三十代の青年かと思うと、胸がつまって直視できませんでした。

重症者は光を嫌い、頭からすっぽりと毛布を被りたがりましたが、そのままでは生きているのか死んでいるのか分からないので、「ゴメンナサイ」とそっと毛布を引き剥がしてみると、虱《しらみ》が何十匹も歩きまわっていました。干からびた皮膚は何の感覚も持たないようでした。栄養失調患者は実にあっけなく息を引きとってしまいます。全く油断はできませんでした。死の苦しみも訴えず眠ったまま死んでしまうのです。

九死に一生を得て、故国の土を踏みながら、十分な看護も受けられず数えきれないほど多くの兵達が死んでいきました。交通事情と敗戦の混乱で愛する肉親にも逢えずに……悲しみに慣れきった目にも涙が溢れました。病院の火葬場には日夜煙が立ち昇り、納骨堂は引き取り手のない骨壺でいっぱいとなり、どこかへ移したという話でした。

元気そうに見える患者も、少しも安心はできませんでした。白血球が減少し、全身の衰弱が進んでいるのでいつ倒れるかも知れず、油断はできませんでした。その上心配なのは、回復期にみるものすごい食欲です。食べ過ぎるとすぐに激しい下痢が始まるのです。食事時には他人の分まで食べてしまう、異常な飢餓感覚は決められた治療食では我慢できず、院外へ出て近所の農家の野菜をとってきて生のまま食べる。事情を理解して許してくれていた農家の人々も、あまりのひどさに苦情を持ち込むようになりました。

美しい羽根を広げ、患者の心を慰めてくれていた皇后陛下からご下賜の孔雀もいつの間にか殺して食べてしまい、散らされていた美しい羽根が哀れでした。たくさん走り廻っていた野犬も、患者達のアイドルだった野良猫も姿を消しました。食べられてしまったのか、動物の本能で寄りつかなくなったのか、一匹も見当たらなくなりました。

衛生兵は復員し、とにかく人手不足でした。掃除も病棟付きの看護婦と生徒がしなければなりません。廊下といわず洗面所といわず排泄物が散らされ、トイレは足の踏み場もない状態でした。私達は吐き気を押さえて片付けましたが、後から後から同じ状態が繰り返されるのです。

そうして、連日のように誰かが発狂しました。患者は精神病院へ護送されるまでベッドに紐でくくりつけられ、

「大きな棒が追いかけてくる、コノヤロー天皇陛下バンザイ　ゆけーゆけー」

大声で訳のわからないことを叫び続けていました。火鉢で長葱を焼きながら戦友の言った言葉、

「いろいろあったから思い出せばみんな気違いになるだろう。人を殺し、殺されて、とどのつまりは、空腹に耐えかねて馬を食い、人の肉も食らった。地獄だよ戦争は。一生肉を食うたびに……」

他の一人があわてて「やめろ」、私は居たたまれなくなって病室を出ました。一生肉を食うたびに……命のある限りこの不幸は続く、兵達の心を痛ましくおもいました。

誠実で気骨のある班長（従軍経験もあるベテラン婦長）に励まされながら、敗戦の痛手（病苦と

失望）に人間の尊厳すら失いかけた復員兵の看護と日本各地への護送の任に就き、力の限りを尽くしました。

仲間達は過労のため病気になり帰郷する人も出てきましたが、ともかく一〇月半ばの引き揚げのピークを越えるまではと、互いに励まし合いながら勤務を続けました。勤務といっても学生の身分なので全くの無給奉仕、衣食住は何とか満たされていましたので、小遣いもいらず（買う物もなく）、夜はくたびれ果てて眠りこけました。夜半には誰かが起きて虱つぶしをし、また眠りました。軍用の毛布を使ったハモニカ型の宿舎なので「ホワイト・チイチ」と愛称までつけて、虱との共存も諦めなければなりませんでした。

私の一八歳の神経にはあまりにも重い現実でした。夜も眠れなくなり、教官は、

「これ以上きみはここにいてはいけない。いちおう戦争は終ったのだし、任務は果たしたわけなのだから、故郷へ帰りなさい」

と毎日勧めてくれました。リーダーとしての責任、その他心残りはありましたが、私は寝食を共にした友人達と別れ故郷へ帰りました。

第二章　戦後より五十余年の歩み

日本の主要都市はアメリカ軍の無差別爆撃によって、東京だけでも一〇万人の死者を出し、産業はすべてにわたり徹底的な打撃を受けました。その上、長い間、衣食住にも不自由し病人や餓死者も多く、喉の渇くいとまのない日々でした。

ダグラス・マッカーサーの指揮するアメリカ軍の民主主義を旗印にした占領政策によって戦後復興も少しずつ軌道に乗ってきました。しかし、世相は百鬼夜行、精神の荒廃は目に余るものがありました。

「この悲しみから、自他共に立ち上がりたい」

こうした中から、私なりの戦後を一歩一歩とまどいながら歩みはじめました。

キリストとの出会い

家に帰った私は、村の青年団に入会を誘われ、やがて女子部の会長に推されました。

一九四七、八年、日本は占領下にあり、何もかもアメリカナイズし、アメリカ兵や、パンパンと呼ばれる人たちが横行していました。お金や食べもの欲しさに、何人かの友だちがそうしたことをしていました。何という屈辱。

「正義の民」と教えられていた日本人は、いったいどこへいってしまったのだろう。そのようなはずはない。けれども、この敗戦と共に悪鬼の横行と化してしまった世相はどうしたことなのだろう。

「日本には日本の伝統や美があるはず」

私は会員に呼びかけて、手入れもできず、畳は破れ、窓ガラスも破損したまま放置されていた集会所を清掃し、会の事業としてお茶、お花、礼儀の作法の講習会を始めました。常に十数名の女子青年が参加し、熱心に学び合いました。

昼は米の配給所に勤め、夜はほとんど毎日青年会の活動にと明け暮れていました。しかし、私の心は晴れませんでした。

「何が真実なのか、本当は何を求めて生きたらよいのだろうか」

自分も含め、人間のエゴがたまらなく気になり疎ましい。この国民は一体どこへゆくのだろう。

ちょうどそのころ、米の配給所に、変わった青年の一団が現れるようになりました。着ているものは古い軍服が多く、質素でしたが、常に讃美歌を口ずさむおだやかな表情は、このあたりの農家の青年たちとは異なる雰囲気をもっていました。「宮内庁林野局のあとにできた、牧師になる人たちの学校の学生さんたちだそうだよ」と、店の主人が教えてくれました。

その人たちの中に、やがて夫となる野口がいたことなど、その時は知るよしもありませんでした。同じく訪れるお客の中に、神学校の教授である牧師のご夫人方もおられたのです。

「一度教会にいらっしゃいませんか」

幾度かおさそいを受けるうちに、私は「行ってみよう」という気持ちになりました。何か求めていたもの、真実がそこにあるのではないかということを、それらの方々がもつ雰囲気のなかに感じたのです。

教会といっても、神学校のランチルームがそれにあてられ、学生も含めて四〇名ほどの会衆が晴れやかに、厳粛に礼拝を守っていました。私はそこで初めて、イエス・キリストのみ言を聞きました。

「本当だろうか」「度々そうであったように、また欺かれているのではないだろうか」

心のなかで反論しながらも、どうしても惹かれるものがあって、畠の中の二kmの道を毎週教会に通うよう

戦後、荒れ果てていた村の集会所で
伝統文化に目覚め、お茶の稽古をはじめる

になりました。

聖書研究会にも出席し、少しずつ聖書が理解できるようになったころ、相次ぎ縁談が持ち上がりました。受洗する気持ちにもなっていましたので、そのことについて、室野玄一牧師に相談をしました。

すると先生は、一言のもとに、

「その縁談は断りなさい。あなたは牧師の妻になるべき人。あの野口重光君を紹介しようと思っていたのです」

私は、農村の青年たちのために何かよい働きができたらと思って、それなりの準備は心掛けてきましたが、牧師の妻など、大それたご用にたつ力はないと、いったんはお断りしましたが、すでに野口は承知とのこと。また婦人伝道師でいらっしゃった牧師のお母さまが、「中嶋さん、み意（こころ）です。野口さんのところへいらっしゃい。イエスさまがすべて整えてくださいます」

静かに、諭してくださいました。

私は心に決めて両親に話しますと、任地が遠い北海道であるにもかかわらず、快く賛成してくれました。

それからさまざまな準備に一年を要し、翌年三月に多くの方々の祝福を受けて結婚し、直ちに任地の北海道置戸町に向かいました。そこは道北網走郡、北見市に近い、当時ハッカ・ビートの生産地として知られていた小さな町でした。

お嫁さんがくるんだよ

置戸の市街地から六㎞ほど山道を登ると、なだらかな起伏のある台地が広がりを見せます。「ときわ」と名付けられた戦後の開拓地で、満州や樺太（サハリン）から引き揚げてきた人たちがそれぞれ耕地をもち、農業に従事していました。若い世帯が多く、不慣れな仕事に悪戦苦闘しながらも、将来を夢見てがんばっていました。

その部落の大半が信者、求道者で、各家庭持ち廻りで行なわれる月二回の伝道集会を、みんな楽しみに集まってきていました。

私は、主人に連れられて、四月でも雪の残る山道をやっとの思いで登り、お祝いの会をしてくださるという家へ辿り着きました。赤々とストーブが燃え、美味しそうな匂いがあたりにただよっていました。

「はじめまして」

「こんな山の中によくきてくださいました」

初対面のあいさつもそこそこに、聖書研究会、祈り会と続き、そのあとで歓迎会をしてくださることになっていたのです。

何人もの幼い子どもたちが、喜んで私のそばにやってきました。

「おばちゃん、今日は誰がくるか知っている。アノネ、牧師さんのおヨメさんがくるんだよ」

山と畠と雪しか見たことのない子どもたちは、きっと金襴のお嫁さんを何日も前から楽しみに待っていたのでしょう。私は期待をそこなうのが何か気の毒で、「私がそのお嫁さんよ」とはとても言い出せませんでした。

集会が終わり、やがてご馳走が運ばれました。ちらし寿司でした。そのお皿の大きいこと、その盛りのすごいこと。三人前ぐらいは充分ありました。そのお寿司を働き盛りの男の人たちはみるみる平らげ、お代りまでしていました。私は元気いっぱいな皆さんに力強さを感じ、本当に嬉しくなりました。

主人も私も、北海道ならではの山の幸や、牛乳をたっぷり使って作られたデザートなど、美味しくいただきました。

大人たちの話ははずみます。東京出身の方も何人かおられたので、余計親しみを感じました。楽しい団欒の時がたつにつれて、遠い北海道へ渡ってきた淋しさ、心細さも薄らいで、勇気と安堵感が与えられました。

ふと見ると、お嫁さんを待ちくたびれた子どもたちは、お母さんの傍らでいつかすやすやと寝息をたてていました。まっかな頬っぺたがストーブの暖かさで上気して、リンゴのように光っていました。夢の中できっと、きれいなお嫁さんを迎えていたことでしょう。

新しい教会、新しい保育園

夫の重光は、イガクリ頭に復員の時に支給された軍服を着て、開拓村の伝道地を走り廻り、昼は農作業を手伝い、夜は夜で伝道集会にと、寸暇を惜しんで毎日働き続けました。

戦後間もないとはいえ、東京育ちの私にとって、冷寒地の生活にはそれなりの大変さがありました。その私をいたわるかのように、薪ストーブに手をかざしながら、自分の歩んできた道について、何回となく話してくれる夫でした。

日中戦争が次第に激しくなった一九四一年、祖国の難を救うため、一八歳で兵隊に志願したこと、まじめに勤めたので、他の人より早く二階級特進して伍長となったこと、それを名誉と大喜びした義父が、全財産をはたいて日本刀を買ってくれたこと、やがて敗戦となり、絶望のあまりその刀を引っ提げて隊のあった帯広の街を死に場所を探してさ迷っていた時、とある街角でキリスト教の路傍伝道に出会い、かつてないほどの感動を身内に感じたこと、などでした。

神のご意志は、その時から彼をとらえました。除隊後は、ひとまず置戸町に帰って町役場に就職し、青年の仲間たちと聖書研究会をつくり、活発な伝道活動を開始しました。

敗戦の混乱の中で精神的な支柱を失い、不確実な世相に悩む人々が、魂のよりどころを求めて相次いで集会に足を運びました。

——教会建設こそ神の使命　世界平和と新生日本の唯一の道——

若い仲間たちは、祈りをもって、彼を神学校へ押し出しました。

四年後に卒業。帰郷を待ってその祈りが一人ひとりの汗を通して実を結び、置戸教会献堂の望みが果たされたのです。同時に保育園も開園しました。

「新しい教会」「新しい保育園」。若い信者、求道者たちの昼夜分かたぬ祈りと奉仕によって、町一番のエキゾチックで風格のある教会堂が完成したのです。

感謝の中に北海教区の教区長を招いての献堂式を行ない、続いて会堂を兼ねたホールで保育園を開園しました。一九五二年七月のことでした。木の香も新しい保育園には、三六名の幼児が開町以来はじめて幼児教育の場に集まり、全町民注目の中で置戸保育園がスタートしたのです。

外観はまことに立派でしたが、経営の内情は私のために両親が用意してくれた結婚支度金も、全額、会堂建築に使われたくらいですから、開園準備金などあろうはずはなく、紙芝居も人形も、積木も全部手作り。ままごと道具なども教会員や近所の人々に呼びかけて、古いお鍋や食器を寄付してもらい、リンゴ箱に並べて遊び場を作りました。オルガンも教会員の方から小さい足踏み型のものを借りうけ、何とか環境整備は整いましたが、一番問題だったのは、肝心の保育者です。

思い出の置戸教会

小さな町でも良家の娘さん方は、花嫁修業をまだ婦人労働も社会化されていない時代でしたので、するのが普通でしたし、八方手を尽くしたのですが、見たことも聞いたこともない保育園の保母となると、希望者が皆無なのです。どうも「子守っ子」という印象しか持てなかったようでした。

やっとのことで、中学校を卒業したばかりの農家の娘さん二人に頼み、七月の開園に間に合わせることができました。そのような次第ですから、力仕事ならどんな事でも骨身を惜しまずやってくれますが、肝心の保育となると幼児と一緒に教え込まなくてはならず、本当に大変でした。育児書はおろか、手作り紙芝居の漢字さえも読めないのです。よく聞いてみると、農繁期には一人前の人手として家業を手伝わなくてはならず、ほとんど学校へは行けなかったという無理からぬ事情を話してくれました。

子どもたちは元気いっぱいでした。じっと座って話を聞くことなどは苦手で、裏山や、広い園庭を走り廻り、

「熊が出たぁー」

と、散り散りに逃げ廻る遊びが大好きで、高い裏山の斜面を滑り降りたり、遊具はなくとも、友達との触れ合いや、初めて手にする紙やクレヨンで、充分楽しんでくれました。

すべてが手探り状態でしたが、実践してみては一つひとつ確認し、選択しながら保育方針を組み立てていきました。たしかにそれには大変な努力がいりましたが、自分たちの手ですべてを創造してゆく大きな喜びをともなう仕事でもありました。

そのようななかで、三ヵ月、四ヵ月とたつうちに、中学生みたいだった保母にもだいぶ力がつき、子どもたちの信頼も深まってきました。

長男の誕生

　結婚後間もなく、私は妊娠をしました。つわりは軽い方だったのですが、何といっても北海道も北東部、住み慣れた東京とは気温はもちろんのこと、湿度もずい分違います。変調のある身体には、それらがとても堪えました。

　北国の人々は、寒さを凌ぐための生理的要求からくるのでしょう、油物や濃い味つけを好みます。それらが、つわりの口には何としても合わないのです。さっぱりした塩せんべいが食べたくて、探して歩いてみたものの、どこにも売っておらず、思わず涙がこみ上げてきたりもしました。そうこうしているうちに、体調も次第に落ち着き、順調な日々が送れるようになりました。

　木の香も新しい教会、牧師館。小さな庭には北国特有の色鮮やかな花々が美しく咲き乱れ、裏の畠からは新鮮な野菜が収穫できる。そのうえ、伝道地の信者の方たちが、子牛や馬の肉を、またたくさんの野菜や馬鈴薯、粉類等を届けてくださる。お金はなくても、豊かで平和な毎日が過ぎてゆきました。

　私の料理に満足し、若さに溢れて、元気いっぱいに駆け回る主人を送り出しながら、私は幸せを心から感謝していました。

　やがて短い夏が終わり、美しい、本当に美しい紅葉が野山を飾り、十数日にしてすべての木の葉が落ちると共に、厳しい冬がやってきました。園児たちは初雪を喜び、町の人々は長い長い冬ごもりの準備に入るのです。

あらかじめ聞いてはいましたが、その準備は大変なもので、冬中の暖をとる薪束を、窓を残して外壁中びっしりと積み上げ、地下室には越冬用の馬鈴薯や野菜を大袋で買って入れ込むのです。また漬物作りも大掛かりで、大きな樽に何種類もの漬物を漬け込みます。越冬中の保存食でもあり、楽しみでもあるのです。方法のわからない私のために、教会婦人会の方や姑がせっせと手伝ってくださって、一〇月半ばにはすべて準備が整いました。

初めて冬を迎える私に、周囲の人々はかなりオーバーに置戸町の厳寒の様子を聞かせ、楽しんでいるようにも見受けられました。

一一月、その冬が訪れました。朝夕マイナス十数度、家の内外のものすべてが凍ってしまいます。寒い、本当に寒い。まさに「しばれる」という北海道の方言がぴったりの寒さでした。

それなのに肝心のストーブは、まるで人をからかう気まぐれ屋さんのように、私が燃やそうとしても燃えついてくれないのです。しかたがないので保母に頼んで炊きつけてもらったりして、何とか燃やすことができるようになるまでが大変な修業でした。

もっと大変だったのは「水」でした。実は教会の宅地は、水脈がないということで、安く地主が貸してくれたといういきさつを後で聞き、びっくりしました。

「ヤコブの井戸ではないけれど、神さまが水を与えてくださるかもしれない」

主人はそう言いながら、毎日暇をみてはあちこちと場所を変え、ボーリングを繰り返していましたが、とうとう水脈が見付けられないうちに、冬を迎えてしまったのです。

そのために冬中、町内会にたった一箇所しかない、つるべ井戸からのもらい水を続けなければならない羽目になってしまいました。保育園用は、若い保母が慣れた腰つきでてんびん棒をかつぎ、どんどん運んでくれますが、家庭用は自分で汲まなければなりません。

三㎞ほど離れた営林局の宿舎に住んでいた姑がきては手伝ってくれましたが、毎日というわけにはいかず、主人の留守の時などは自分で汲まなければならないのです。それでなくても来客の多い教会の台所では、どうしてもたくさんの水を必要とします。

水を満たしたバケツを提げて、氷結した道路に足をとられては転び、腰や横腹を打つこともしばしばでした。下肢にも浮腫が出ていたのですが、「みんなそうだ」と言われ、さして気にもとめず生活していましたが、胎児への影響は大きかったのでしょう。予定日より一ヵ月半も早く、一二月一八日の夜破水し、午前二時に近くに住む産婆の介助によって、初児を出産しました。早産にもかかわらず、二九〇〇ｇの男児でした。

主人の喜びようは一通りではありませんでした。女きょうだいの多い私は、初産で男児が与えられるとは思ってもいませんでしたので、感謝に溢れながら、いとし子を抱きしめました。

保育園の初めてのクリスマスは、二二日に行なうことになっていました。園児たちの讃美歌やページェント（イエスの降誕劇）は上手にできるようになっており、プログラム作成や、保護者への連絡も全部できてはいたものの、若い保母二人で、どのように会が展開するのやら、二階の産室で気が気ではいられない私でした。

「イエスさま、どうか集められたすべての人にとって、恵まれたよいクリスマスでありますように」と祈り続けていました。

やがて子どもたちの歌が聞こえてきました。この町で幼な子たちの讃美によるはじめてのキャロルでした。

気がつくと、星のような瞳を輝かして、じっと聞き入っている生まれて間もない我が子、主の愛によって与えられた新しい生命の尊さを思い、熱い涙がこみ上げました。

「名前は、光宣とつけよう」

私は、主人の想いのすべてを、語らない言葉の中から悟りました。牧師に長男が与えられたことは、若い教会にとっても、希望のしるしとなりました。

井戸は翌年の春、雪どけと共に根気よくボーリングを続けた主人の手によって、とうとう水脈を当て、待望のポンプ井戸がつきました。あまりの嬉しさに、その日のお祈り会で、声をあげて感謝の祈りを捧げました。

教会は、感謝と喜びに溢れた人々で満たされました。保育園も次第に地域に根付き、園児数も増していきました。

世の中は次第に敗戦の傷跡から立ちなおり、加えて、朝鮮戦争、ベトナム戦争の特需を受けて、日本経済は急テンポに成長を遂げつつありました。

しかし、「神武景気」も「岩戸景気」も、北辺の田舎町には特に豊かさをもたらすわけでもなく、かえって好景気による人口流出が目立ってきました。農家の人々もまた大変でした。朝早くから夜遅くまで、働けど働けど設備拡充による借金は増え、そのうえ豊作貧乏と冷害が繰り返されるなかで、将来に見切りをつけた人々は、慣れない仕事のために掌に血まめを作りながら、木の根を掘って開墾した、我が子のような農地を手放して、相次いで離農して行きました。一家五～六名の転居は、小さい教会にとっては痛手であり、本当に淋しいことでした。私の仕事としていた他住教会員への教会週報の発送部数も、増える一方でした。

礼拝出席者も減りました。

まだ若い彼のバイタリティは、社会教育にむけられました。

「教会の中だけが伝道じゃあない」

民生委員、児童委員、青少年問題協議会々長、公民館運営委員、道立図書館の誘致等々、忙しく働き続ける毎日が続きました。

いつも調子外れの鼻うたまじりで、黒の革ジャンに揃いのズボン。米国教会からの贈り物である大型バイクを乗り廻して、元気いっぱいに振る舞っている彼の身体を、恐ろしい病魔がむしばみつつあることなど想像もできませんでした。

東京オリンピック（一九六四年）の前後から、腰痛を訴えるようになり、一年足らずで、ネフローゼによる腎不全、尿毒症へと進行してしまったのです。

北大病院へ緊急入院を余儀なくされ、腹膜灌流法による延命術が施されました。人工透析は、まだ実用段階には至っていませんでした。

それから、四十幾日、夫の生と死をさ迷う苛酷な生命との闘いが続きました。

北大病院で

雪はしんしんとして、昼夜の別なく降り続いています。北大病院の一室で、か細い生命の灯を見つめながら、奇跡を祈り続けていた私でした。ネフローゼ、尿毒症。一九六五年当時ではまさに手の打ちようもない死の宣告だったのです。

神さまは、どうして主人を召そうとされているのだろうか。私よりも何倍も何十倍も信仰深く、お仕えするためのタラントも豊かであると思うのに。少量でも尿の排泄があれば、相好崩して喜んでいる、生きたい、生き続けて主のために働きたい、たくましい生命なのに。

クリスマスイブの宵でした。毎日必ず見舞いに訪れ祈ってくださる札幌聖公会の司祭、林稔先生が病室に入ってこられました。

「いま青年会のキャロルがはじまります。先生に聞いていただくために、この下で歌いますから、窓を少し開けてください」

それは、いままでに経験したことのない心に染みる讃美のうた声でした。やがて召される者におくる天使のうたのようにも聞こえました。その讃美の中で、林先生は心をこめて祈ってくださいました。

「主よ、御救いをこのきょうだいの上に与え給え」

その夜、サンタ・クロースも病室を訪れて、プレゼントにおまけつきのグリコの大箱をくれました。

「野口さん、元気になるのよ」

病棟づきの婦長の声でした。

喜んだ主人は、おまけの人形をベッドの枕元に飾り、食欲の減退から特に甘味を嫌い見向きもしなかったのに、グリコを一粒口に入れて楽しんでいました。

この間にも多くの方々が、病床を見舞ってくださいました。一人の無名の田舎牧師の瀕死の病床に、人々は愛を示してくださいました。見舞の手紙や見舞品の山、私は「主にある交わりの深さ」というものを知らせられました。

ある日のこと仲のよさそうなご夫婦が、ぴったりと寄り添いながら見舞ってくださいました。

「教会の方が入院しておられましたのでお訪ねしましたところ、牧師先生がここにいらっしゃるということなので」

お帰りになってから、主人に尋ねると、

「三浦綾子さんだよ」

と言われ、私ははじめてその方が『氷点』の作者であることを知りました。

どんなに苦しんでいる時でも、意識不明の状態になっても、彼は祈りと讃美をはっきり感じとっていました。

死は、クリスマスの二週間後に訪れました。急変のため、呼び寄せた子どもたちが着いた時には、すでに意識は遠のいていました。お別れにと、四人の子が涙ながらに歌う「主われを愛す」の讃美歌を聴き、ものも言えず閉じた目尻から、とめどもなく涙が落ちて枕を濡らしました。

何と闘っているのか、吐き出すように、訴えるように発した言葉、

「私は、牧師」

それを最期として、地上を去りました。

時に重光は、四三歳の働き盛り。長男は中二、長女は小五、次女は小二、三女小一の幼さでした。

さようなら　先生

一九六七年一月八日夜、棺前祈祷会には北大病院の霊安室に入りきれないほどの方々が集まって、故人を語られ、そして翌九日には、札幌教会で盛大な追悼礼拝をとり行ってくださいました。

置戸町の人々も、直ちに準町葬の計画をすすめられ、八時間以上もの長距離を、積雪をこえて遺体を引き取りに来札されました。葬儀の一切は町費、そして式はキリスト教で行なわれました。一般の方々、教会関係の参列者は六〇〇名を越えました。

「さようなら　先生」

保育園の時代からきかん坊で、主人を手こずらせ、いまは立派に成長して、洗礼も受けた教え子たちが、万感こめて別れの言葉を読み上げました。共に暮した一五年の歳月が絵巻物のように、そして、不思議な静けさをもって、私の心の中を去来しました。

試練の中に

日頃、健康であることを自負し、それまで日中床についたことのない人の突然の死は、教会にとっても、青天の霹靂ともいえる大変な出来事でした。

覚悟はしていたものの、父の死を実感として受けとめることができず、来客の多さにははしゃぎま

わる小学一、二年生の次女、三女の姿を見るにつけ、私は
「荒野にさまようイスラエルの民にマナを与えて下さった神様、残されたわたしと四人の子どもたちが散らされることのないように、生命の糧を与えてください」

そう祈らずにはいられませんでした。

牧師なきあとの、いわゆる無牧の教会を守っていくことも、大変な仕事でした。教会学校は、高校生を含む若い人たちが、また日曜日の礼拝は北見教会の牧師、宣教師の方々が交代で奉仕をしてくださったのですが、主人が行なっていた事務的な仕事は、必然的に私の肩にかかってきました。

加えて、保育園の経営業務から、責任の重い五歳児五〇名の担任、家庭では長男の高校受験をひかえ、公私共に大変な仕事量でした。

「神さま、教養も乏しく、才能もない私には、荷が重くて萎えそうになってしまいます。どうして私を残して、彼を召されたのですか」

ある夜のこと、涙と共に祈る私に、はっきりと聞こえてきた言葉、それはまさしく神の声に相違ありませんでした。

「わたしの愛を現すために……」

それは、一条の光のようでもあり、また漠としているにもかかわらず、不思議な力を身内に感じました。(夫を召したのも、それゆえの苦悩も、生活の闘いも、すべて神ご自身の愛を現されるためなのだろうか)

「何が起き、何がどう変化していくのか、わたしにはわかりません。み意(こころ)のままにお導きください。一生懸命生きていく、そのことだけはお約束します」

私は、生ける神、天の父をひしひしと感じて祈り続けました。

ゆりのき保育園の誕生

地方の小教会の牧師の生活は、いずれも大同小異で、つつましやかな暮しでした。信徒数も少ないので、必然的に謝儀も少なく、「牧師は霞を食べて生きる」ということが本気で信じられているような時代でした。

その謝儀も、園長の給料もなくなる。私にも当然、生活への不安はありました。そのようなある日、北海教区の役員が訪ねられて、思いがけない計画を知らせてくださいました。

「野口牧師遺児奨学金、という名の募金活動がはじめられたので、お子さん方のためにお役に立つほどの額になればと願っています」とのことでした。

それほどまでにしていただいてよいものだろうか。思い惑う私を超えて、その計画は『キリスト新聞』、日本キリスト教団発行の月刊誌『信徒の友』網走地方の広報に紹介されました。約一年の間に寄せられた寄付金は驚くほどの多額となり、置戸町長、北海教区長を通して拝受することになりました。

その間に頂いた励ましの手紙も数知れず、本当にあの大きな試練がなかったら、神と人の深い愛を知ることはできなかったでしょう。私は、この土の器にも等しい貧しい者の上に、具体的に現してくださる神の愛、多くの方々のご厚情があまりにももったいなく、嬉しさにふるえました。

祈りは成就されたのでした。

かの浄財は、あまりにも個人には多額でした。四人の子の教育費、生活費として使わせていただくことも大変有難いことでしたが、主は貧しいやもめになぞ、何もお望みにならないとは思いながらも、

「もしお許しがあるならば、このお金を使うことによって、子どもらと共に生かしていただけるご用をお与えください。道を開いてください」

と祈り続けました。

東京に住む末の弟が、社会福祉を志していたので、その相談を持ちかけると、彼はすぐ真剣な取り組みを開始しました。

そうして一九七一年には、幾多の困難も導かれて切りぬけ、現在の多摩ニュータウン永山地区に、あの奨学金と多額の寄付金、そして弟の私財などを自己資金として、収容人員二〇〇名規模の保育園を開園するに至ったのです。

日本住宅公団（現・都市基盤整備公団）からの貸与による土地二六三六㎡、建物六八七㎡、太陽の光に映える白亜の子どもの城の前に立って、あの日から四年間の来し方を思い、建設のすべてを

教会の前で、子どもたちと

年若い身でやりとげてくれた弟と共に感謝の祈りを捧げました。

私は園長と呼ばれ、社会的にも一つの場が与えられ、はじめて税金のつく世間並みの額を給料として手にすることができました。住居も上京以来同居させてもらっていた弟の家から、新しい三DKの団地に引っ越しました。長男の実感、

「やっとおれたちの家ができたね」

牧師館の居間兼教会事務所という、二十四時間公私の境界なく、落ち着くことのできない環境で育った子どもたちにも、やっと安心して手足ののばせる家庭が与えられたのでした。

わたくしと保育

住宅建設はものすごいスピードで進み、日中は工事用の大型トラックやブルドーザーが道路を往行し、あっという間に集合住宅が作られていきました。毎日の事となると、乳児でさえ大音響にもすっかり慣れて、すやすや眠るようになりました。

集合住宅の棟間への植樹も実に素早く、朝出勤の時は何もなかったのに、夕方帰宅するとくぬぎや松、桜を交えた「林」が出現していたりして、見事としか言いようのない街づくりが続きました。

第二次、第三次と入居が続くうちに園児の数は増し、六月には二〇〇名の定員を突破、一割の私的契約児を加え、二二〇名の大世帯になりました。真新しい固定遊具の数々と広い園庭にいっぱいに敷きつめられた砂場で、子どもたちは喜々として遊び園生活を楽しみました。

都心の狭い住宅街で人付き合いのむずかしさや軋轢を避けながら身を狭めて生きてきた子ども達は、澄んだ空気と青空、太陽の恵みを体いっぱいに受けて、みるみる元気に逞しくなりました。やがて、勝手に棲み処を荒らした人間共の暴挙に驚いて逃げ出していた、元の住人（？）が次々と戻り、小鳥、バッタ、トカゲ、ガマ蛙などが子ども達を歓喜させました。

初めてのクリスマスには、年長児二九名がページェントを演じ、初めて見る我が子の凛凛しい姿に涙する父母も多く感動的でした。

一九七二年三月無事に一年を終えました。開校開園が相次いでなされる中、学校、幼保の代表が幾度となく集い、心の通い合う街づくりを目ざして話し合いを行ない実践を進めた結果、一年を経た時には理想に近い人々の交流の輪が広がり、にこやかな笑顔に溢れる新しい街を実感できるようになりました。

住居は狭く、公共施設もないため、休日を持て余す子ども達のために日曜学校を始めました。ポスター一枚貼っただけなのに、口から口へと伝わって集まった子どもの数は百人あまり、日曜日ごとにイエス・キリストの教えを伝え、歌やゲームで楽しみました。出席する度にもらえるシールも嬉しくて子ども達は目を輝かせて集まって来るのでした。

公園のベンチで所在なさそうにしているお年寄りに声をかけて、倉庫の一角に場を設け、小さな作業場を作って命の恩人のように喜ばれたのもその頃です。園を特定の利用者に限らず、地域に開かれた施設でありたいとの思いは、理念などという堅苦しいものではなくごく当たり前の生活者の在り様として、気軽に親しい交わりを広げてきました。

入居二年目以降、多摩ニュータウンは出産ブームになりました。妊婦の多さには目を見張るばかりでした。公団住宅賃貸料は当初より結構高額でしたから、共働きのための入園希望者は増加の一途をたどりました。

市議会に乳児保育の増員を要望する人も多く、乳児定員をもっと増やすように再三要請されましたが、二〇〇名規模は一施設としては様々な面からの限度と考えて、市に希望を出し保育園建設予定地に第二園の建設を承認して貰うことができました。

一九七七年四月に開通間もない京王相模線と小田急線の交わる永山駅にほど近い一等地に、定員一六〇名の乳児保育にウエイトをかけた保育園を開園しました。現「かしのき保育園」です。志を同じくする職員の移動により、キリスト教保育を基盤として保育に当たり、情報交換も密にしながら、お互いの存在をかけがえのないものとし協力し合って現在に至っています。

保育カリキュラム

一日一〇時間から一二時間保育園で暮す園児達です。共働きの忙しい家庭生活の中で親達も一生懸命子育てに力を注いでいますが、帰宅後は食べて寝ることが精一杯、それが現状です。健康で情緒豊かな人間として成長発達を遂げるためには保育園の生活がそのすべてと言いきれるウエイトを占めていると思います。

そこに気付いて着手したのが「生活カリキュラム」作りです。多くの参考文献と、日々の保育案と記録など、生きた保育者の声と理論を元に作成したのが、新生児から学齢期までの食事衛生も含めた一冊の本、「ゆりのき保育園　保育カリキュラム」です。現在は一〇刷を数え、全国の公私立保育園及び家庭における子育てのテキストとしてご好評をいただいています。

開園以来二〇〇〇名の子どもたちが、この園で育ち、社会人として活躍をされながらも常に懐かしい想いを寄せられていることが伝えられ、長い間苦楽を共にした職員一同、喜びに満たされています。

しかし長く平和であった保育園も、バートン文・画、石井桃子訳の絵本『小さなおうち』のように国家財政の嵐にさらされ存続が危うくなってきています。「日本全国」の子どもを守る子どもの城がその礎を粉砕されることのないように、元子どもであったすべての人々の協力を願って止まない気持ちです。

子育ては

やっと自分たちの家ができたと喜んだ四人の子どもは、長男高三、長女高一、次女中一、三女小六。食べ盛りの胃袋は、紙袋いっぱい両手に提げて帰る食料品もその日のうちに全部平らげ、安くてお腹にたまるものはやっぱり手作りしかないと、日曜日の午後はせっせとホットケーキを焼き、ドーナツを揚げて食欲を満たしました。

教育費も大変で、家計簿をきちんとつけ、まず献金、公共料金、教育費を別袋に分け、いくら少なくてもその残りを工夫して、衣食に当てなければならないわけです。幸い、『婦人の友』を長く愛読し、家計の勉強もしてきたので、赤字を出さない秘訣は「買わないこと」をモットーに、子どもの洋服から小物まで何でも手作りでやってきました。丈夫な体と、それができる技を与えてくださった神さまにどんなに感謝したことでしょう。洋裁はプロに習いましたので、大抵のものは、子どもが満足するできばえに仕上げることができました。

長男は、入った大学に満足できず、アメリカへ行きたいと言い出すし、長女はデザイナーになりたいと言い出す、そのうち年子の次女、三女も高校生となる。そして思春期の悩みや問題も、四人が一度にもってくるのです。このころほど、父親の死を切なく思ったことはありません。相談されれば答えなければならないわけですが、親としての判断が本当に正しかったのかどうか、祈りながらもいつも不安でした。父親の広く深い人生の読みがあったなら、どんなにか頼りになっただろうにと。

ひとりで子育てをすることが、子どもも親もどれほど大きなリスクを負わなければならないか、日々増加の一途をたどる母子（父子）家庭の現状に心痛め、愛を育て合い仕え合う結婚生活の理想を心から望みたいと思うのです。

命をください

一九八三年三月九日。その日も職員たちと朝早く出て、社会保健センターで行なわれる成人病検診に行きました。すべての検査が終わり、結果を待っていた私に「肺の再検査」の指示があったのです。

恐ろしさに歯の根が合わず、「ガンでありませんように」とひたすら祈りながらも写した断層写真には、くっきりとかげが見え、精密検査を受けることになりました。三月二八日に日赤医療センターに入院。検査の結果、左上肺の摘出が言い渡されました。

子どもたちが心配して、ずっと付き添ってくれていました。白い手術用の衣服に着替え、主の祈りを唱えながら、手術台に乗りました。麻酔はすぐに全身にまわり、カッカッとした火事場にいるような暑さを感じているうちに、何もわからなくなってしまいました。

気がついた時には個室のベッドにいて、私の兄弟や、子どもたちの心配そうな顔がありました。酸素マスクがつけられ、少し痛みを感じていました。せっかちな妹が、

「お姉さん、大丈夫だったんだって。何も心配ないって、手術したお医者さんが言っていたわよ」

翌日、主治医が持ってきて窓に貼ったレントゲン写真が、体を横にした拍子に見えてしまいました。思いがけない喜びでした。左肺の上部がほんの少し削られただけで、後は全部残されていたのです。

術後の苦痛はその後も長く続きました。胸腔に血液の混入した滲出液がたまり、肺を圧迫するのです。そのうえ、肋骨を切って術後接着した箇所が痛む、それなのに、看護婦は毎日リハビリの課題を与え、急き立てるのです。健康に恵まれ続けてきた私には、主人のことはあったにしろ、考えもしなかった経験を余儀なくされました。

外科病棟の入退院はめまぐるしく、若者から老人まで、患者の手術、退院、死亡が絶え間なく繰り返され、人生の悲哀をひとところに集めたような感がありました。二ヵ月の病院生活の中で、病友同士の語り合いや助け合いを通して、人の温かさにふれ、健康であるがゆえに、他人の痛みを心底知ることのできなかった心の貧しさ、未熟さに気付くことができました。

あの日から、二〇年の歳月が流れました。私はまる一四年、渋谷の日赤病院へ検診に通い続け、手術をしていただいた医師から、

「かなりきびしい病状でしたが、忠実に診療を受けられたので幸いでした。おめでとうございます、もういいでしょう」

と告げられ、生命を守り続けてくださった方々に心から感謝をしました。

この間どれほど多くの同病の方々が、私が難病から解放され元気に生活していることに希望を持たれ、励みとされてきたことか、生命への限りないいとおしさ、ありがたさは、あの生死を境とした試練を超えてこそ与えられた大いなる恵みであることを信じて、多くの人々に語り伝えてきました。

第三章　折々の想い

保育園の園長として、日々の生活を通して出会う多くの人々、また一人のクリスチャンとして、否応なし迫り心痛める、社会的な事件や身近な出来事に向かい合い感じたことを「幸せ探し」のために〝おたより〟として書き続けて十数年間たくさんの方々に読んでいただきました。

通勤電車や昼休みの間に読めるように、ごく身近な問題にテーマをしぼり、できるだけ楽しく、しかし、ある方々にはおこがましくても心の支えとなるように努力はしたつもりです。ページ数の制約の中での常に書き足らない悩みは残りますが、原稿が散乱しないうちに本にしたら、とのアドバイスを読者の方から度々いただき、ご好意とも慰めとも判別できませんが、多くの方々の言葉を真に受けとめて、基本的な考え「平和、それは一人ひとりが創り出すものである」（聖書）を根底に持ちつつ、幾篇かを選んでまとめてみました。

（一九八五〜一九九九年）

師走

青森から、今年もまたリンゴを送っていただきました。一個一個選び抜かれた芸術品のような見事なリンゴ。もちろん味も上々です。

早速お礼の電話をかけようとしましたが、送付伝票に番号が記入されていません。その方の息子にあたる、近くに住んで居られる知人に教えてもらおうとして電話をかけました。すると、日頃お互いに冗談ばかり言い合っている彼の口から、しみじみと心に残る話が返ってきました。

「おやじは、手紙をもらうことが好きなんだよ。だからわざと電話番号を書かなかったのかも知れないよ。ひまな時に手紙一本書いてやってよ」

そして、彼の年老いたお父さんが、自分の畑で実った一番いいリンゴを喜んでくれる人に送ることが何よりの楽しみであると同時に、祈りにも似た行為であることを知らされました。

その理由は、第二次世界大戦も末期のこと、海軍兵曹長だったお父さんは、上官から南方へ（フィリピン、インド支那等）へ出動するように言い渡されました。数も極度に減った軍艦への搭乗命令です。その時お父さんはかなり体調を崩していましたが、命令に従って準備を行っていました。明日はいよいよ乗船という時、青森の田舎から真赤なリンゴが一箱送られてきました。「この世の思い出に……」という切ない親心だったのかも知れません。しばらくぶりの故郷の味を噛みしめているうちに上官が言いました。

「体調をととのえてから、次の船に乗ったらよい」

やがて、彼のお父さんだけを残して全員出動していきました。そして、船は再び出航することなく戦は終わりました。リンゴを共に噛みしめた戦友たちは、誰一人故郷の土を踏むことはなかったのです。

復員して故郷に帰ったお父さんは、家業のリンゴ作りに励み、生涯の仕事としてリンゴを愛し、よりたくさんの実を結ばせ、命の恩人であるリンゴを心ある人々を通して天国の戦友に送り続けてきたのです。

北国の人情と、現代の民話を想わせる美しい話でした。

クリスマスに思う

美しかった紅葉も何時しか終わり、自然も冬の休息に入りました。

自分の健康に気づかいながらも、持ちまえの好奇心は押さえきれず、心に残るいくつかの経験を味わい、生きていることの幸せと感謝を噛みしめることのできた年でもありました。

末娘の結婚のために思いきって渡った太平洋、そこに展開したアメリカ、カリフォルニア州の予想や知識をはるかに越えた広大な風土に自然と人間が一体となって創りあげた農作地帯の絵のような風景や、都市部のケバケバしさなどみじんもない、上品で優れた美的感覚で統一された生活空間のすばらしさに真の豊かさというものを知りました。

夜はネオンも限られ、街灯はオレンジ色のシェードに包まれて光をセーブし、ものやわらかで落ち着いた雰囲気を演出していました。それらがたとえ、数日の旅行者の目に映った表面的な美であったとしても、その表面に現れたものの根を考えずにはいられませんでした。

いま、日本の歴史書を読みかえしています。島国なるが故に建国期における五千年の孤立と停滞の歳月、そして開国と共に乾きを満たすように、社会的消化不良をものともせずに外国文化を必死になって取り込み、模倣の域を脱する暇がなかった我が国の歴史は、今でもその域を脱していると は思えません。

「創造性を、独創性を育てよう」と教育の目標には掲げられていますが、すべてがその場しのぎの合板文化では、心揺さぶる何ものも生まれ出てくるはずがありません。後世に名を残す芸術家にしても、三代をさかのぼる必要があると言われています。

古都京都を訪ねて、千年を経てもゆるがない社寺の建造物や見事な庭園を観る時に、たとえそれが民衆の血と汗を搾取し続けた貴族達の遊興の場であったにしろ、来世に祈りを傾けつつ建造された奥深い美と心を感じます。古いものと新しいもの、しかし、永遠に変わってはならないもの。それは「真理」です。

イエス・キリストはご自身でそれを示して下さいました。すべてを創り生命を与え成長させ、永遠の喜びの国へ導いて下さる神のみ心を、救いを。物やお金がすべてであり、魂の求めるものを無視しようとする社会的風潮を憂います。

クリスマスです。教会の門をたたいて下さい。忘れていた魂の呼び声に耳を傾けてあなたの生命の泉を満たして下さい。

二月の想い

梅のたよりを聞きながらも、朝夕の寒さは骨の髄まで刺し通します。

一六年前にメスを入れた左肺のまわりの組織がこの寒さで固くなり、やたらに上半身を圧迫します。もちろん堪え難い苦しさではないものの、「早く本当の春が来ないかな」と身も心も待ちわびる今日この頃です。

二月という月は、毎年のことながら、行事、研修、会議等で、予定表は休日（これもあぶない）以外は空きスペースなし、もちろん子どもは立派に成長し、愛らしさはたとえようもありません。礼拝にも喜んで参加してくれるようになり、小さい子達は大人にちゃんと自分の考えを幼児語をものともせずに言いまくる頼もしさです。

一年のしめくくりとして作品展も行ないました。美しい色彩の、我が子をはじめとした幼い仲間との日頃の生活が見えてくる作品に、保護者はとても喜んで居られました。

先週の土曜日には、寒さにもめげて居られず新幹線に乗り、孫の保育発表会を観に名古屋に飛んで行きました。

一歳児から年長まで全園児出演のスペクタル「ももたろう」

さすがに名古屋、会場には十数名の町政関係のお客様、ご挨拶、そうしていよいよ本番、園児は全員役割に合う衣装をつけ、よく配慮された内容で楽しそうに演じていました。六歳の孫は鬼の大将で、「みんなまねをするなよ」と大杯を傾け、三歳の子は一〇人のももたろうの末弟でまっかな顔をして、一生懸命セリフを言っていました。たくさんの拍手、おみやげ、幸せそうな子ども達でした。

輝かしいいのちのはじまり、しかしやがては避けることのできない、終わりの時。まだ自然の眠りつつあるこの季節には、いろいろな想いが去来します。

少女時代に出会った、金子みすゞの詩。

かいこは繭にはいります
狭くて小さいあの繭へ
けれどもやがて羽が生へ
蝶々になって、とべるのよ

人はお墓に入ります
暗い淋しいあの墓へ
けれども、よいこは羽が生え
天使になって、とべるのよ

世の中が暗く淋しかった戦中に、たくさんの魂のゆくえを夢見ることができました。

金子みすゞの生涯は、松たか子主演で映画になるとのこと、楽しみです。神様がこよなく愛されたいのちに、思いやり深く優しくありたいものです。

五月、さわやかに

さわやかな日々、今年の五月は特に花木が美しく、温暖な気候、天候、神様の恵み溢るる素晴らしい連休でした。

しかし、その夢を破る少年犯罪の多発に心の凍る思いでした。連日連夜間断なく放映されているテレビ画面を見つめていると、何ともやりきれない気持ちになり、子どもの犯罪だけに「お先真っ暗感」が日本中を被い尽くしたのではないかと案じられます。

ますますオトナは自信喪失し、死にものぐるいで働き通してきた一生は一体何だったのか、「一億総ざんげ」、五十幾年前に流布した言葉が去来します。

その時代時代に警告は出されてきたにもかかわらず、手をつけようとしなかった大切な課題がいま抜き差しならない現象として出てきているのではないかと思われてなりません。

先日美容院へ行きました。先客の婦人の方が話をされているのが耳に入ってきました。

「うちのお父さんねえ、連休中も出るのが億劫だなんて言って毎日ゴロゴロしているのよ、たまんないわ、一年のうち1／3は休みなのよ」

「本当にそういう時代になったのか」、帰宅して早速計算してみると、土、日、祝日に休める人の休日合計は何と一三〇日、出勤日二三五日、職種による格差は当然あるにしろ、ひと昔前のセリフ、「忙しくて子どもの相手なんぞ……」という時代でなくなったことは確かです。若い世代は積極的に育児参加をしていますが、三十代半ば頃からの子どもが父親像を求める大事な時期に、公私共にもう一工夫ほしいところです。

ともあれ、鯉のぼりは空にはためき、昔から子どもの幸せを願ってきたこの日、最後にかわいいひとことを。

「大きくなったら、野球選手になりたい」（けん）
「大きくなったら、ゲームやさんになりたい」（しおり）
「やっぱり花やさん、魚やさんにもなりたい」（たいちろう）
「サッカー選手になりたい」（あきら）
「たくさんなりたいものはあるんだけど、動物園の飼育係になりたい」（ときお）
「大きくなったら学校の先生になりたい」（のぞみ）
「看護婦さん」（あやの）
「まだきまってないけど、スーパーの店員さんになりたい」（いくま）
「大きくなったら、本を作るひとになりたい」（かずと）
「保育園の先生になりたい」（みずき）
「ん……まだきめてないけど国会議員になりたい」（けんと）

水無月

戦争が終わりました。

ユーゴスラビア連邦軍とセルビア治安部隊がコソボ自治州から完全に撤退することに、NATOとユーゴ側が合意しました。

ホッとして、心底ホッとして読んだ新聞の記事です。七〇日余りに及ぶユーゴ空爆。その間に何十万もの人々が家と家族を失い、傷を負い、長い間民族の誇りとして大切に伝承してきた数多くの文化遺産が灰塵に帰すなど、世界中の人々が心痛め、事態の好転を待ち望んでいたのです。

人はいつまで愚かしさを繰り返すのでしょう。一日も早く傷ついた人々の痛みを神がお癒し下さることを祈らずには居られません。

不況といえども、この国の豊かさはもったいない限りです。近頃は夜の一〇時を過ぎても商店の棚からこぼれ落ちんばかりに食料、日用品が溢れかえり、「本当にコレでいいのかしら」と自問自答しながら必要な品々を求めて帰ります。

梅雨を忘れたかのような六月の太陽は燦々と降り注ぎ、色とりどりのアジサイが落ち着いた喜びを与えてくれます。

「成長させて下さったのは神様です」（コリント人への手紙三章六節）

生物発祥の大昔から神さまは営々として生命を生み育て、生物の場を与えられ、なおかつ生きやすいように修正を加えてくださいました。

紅葉の美しい東北地方に旅行したことがあります。そこで気が付いたことは木の葉の形です。葉が枝に平らについて一枚一枚が申し合わせたように太陽をあおぎ、つややかに輝いているのです。大発見でした。

短い夏の間、木々は生命を守るのにふさわしい姿に変えられて、軽やかに賛美しているのです。

はまり役

何年も前からぜひ観たいと思っていた『屋根の上のヴァイオリン弾き』を、やっと時間を作って観ることができました。

テヴィエ親父の役は森繁久弥から西田敏行へ、前評判の通り見事な「はまり役」でした。時間が余りないのでテレビも映画も選んで見ることにしていますが〝大好き人間〟です。演劇はそれ以上で、原作者と役者、観客との対話に胸がおどります。

幕開けは帝政の頃のロシア、ここは忘れられたような寒村「アナテフカ」。村の片隅に信仰深く善良なユダヤ人達の住む部落がありました。テヴィエは貧しいが働き者、酪農を営みながら五人の娘達の成長を楽しむ信仰深い好々爺、順みつきの扮する妻ゴールデはしっかり者でいつもテヴィエは頭が上がりません。上の三人の娘はお年頃で村人達の気をもませています。

この村で一番偉いのは何といっても司祭様。

「わしらこのアナテフカに住んでいるユダヤ人は、皆屋根の上のヴァイオリン弾きみたいなもんだ。落っこちないように気を配りながら、愉快で素朴な調べをかき鳴らそうとしている。これはなかなかなことじゃない。なぜそんな危険をおかして住んでいるのかって？　そりゃこの村がわしらの生まれた故郷だからさ。どうやってバランスをとっているかって？　それは一口でいえば、『伝統』しきたりってやつですよ」

食べ方、眠り方、着物の着方、結婚、葬式、すべて厚い信仰に基づくしきたりによって生活が成り立っているのです。

テヴィエ親父が汗みどろになり、馬車を押したり、引いたりしながら下手から現れます。

「本当にまあ何てこった。やっと乳を売り切り、帰ろうとしたら馬の蹄鉄が取れちまった。そのまま馬を歩かせるわけには行かず蹄鉄屋に預け、それからずーっと何キロも馬代わりさ。疲れたよ。それに今日ももうけは全部馬の足に消えちゃうよ。あのゴールデに何と言われるか、神様何とかして下さいよ。安息日の祈り会に捧げるブドー酒も買えません。それにしても神様、あなたはこの世の中にずいぶんたくさんの貧乏人をお作りになりましたねえ」

予想通り、ゴールデにこれでもかというほど怒つかれて、すごすごと村に一軒の酒場に出掛け、しおれきっていた彼の耳に入ってきたのは、近隣の村のどこそこでロシア政府による強制立ち退きが始まったというニュースです。

不安をもちながらも村人達は生活を変えようとはしませんでした。上の娘三人は親の意思に反して、村にやってきた革命を口にするロシアの青年と他の二人も結婚して家を去ろうとしています。もちろん村人総出でしきたりに添った盛大な結婚式があげられました。しかし宴たけなわの時に、ロシアの警官と兵士が乱入。「明日中に立ち退くように」と、厳命します。

人々は司祭と共に祈り、慌ただしい旅支度、といっても多くても荷車一台、背負い篭ひとつにすべて入ってしまう悲しい身軽さでした。「また世界のどこかで……」、テヴィエ夫婦は例によって、さんざん神様に愚痴を並べた末、

「イエスさま、この村の美しい夕陽は一生忘れません。戦争と平和、嫌になる程繰り返し続けられていますが、どんな時にもあなたは『希望』です。バラバラになり、行く所があるのかないのかわからない、愛する村人を守ってください。少々身勝手を言わせてもらうと、止めろと言っても聞かないで、シベリア送りになった夫を追いかけて行ってしまったホーデル（次女）を守ってやってください」


平和が与えられ、衣食に事欠くこともなく暮すことのできる私達ですが、生きる厳しさとの戦いに明け暮れる人々のあることを考えます。いかなる日々であろうとも神様は『はまり役』として私たちを選んで下さったことを信じて、元気に生きていこうではありませんか。（信仰・希望・愛）

花火

太陽は思いっきり照り、雨は思いっきり降り、今年の夏は近年になく夏らしい夏でした。地球温暖化の進行は気になるところですが、冷夏のように異常気象イコール自然破壊による人的災害、文

明文化の致すところという追い詰められるような不安もなく、「あつい、あつい」とのぼやきも何となく気楽で心地よいものでした。

スリランカとの国際交流のため、研修生として来日、実習中のナディラさんを誘って花火大会に出掛けました。予想通りものすごい人出、「よくもまあ」と呆れながらも、自分達もまさしくその大群衆の一人であることを他人事のように感心しつつ、会場にやっとの思いで着きました。

その夜は稀にみる絶好の花火日和で、晴れきった夜空に微風が流れ、ほどよく白煙を運び去ってくれるので美しさはこの上なし。ナディラさんは、

「キレイ、キレイ、ほんとうにキレイ、ワタシはじめて花火見マス」

と、手作り弁当も手につかないほどの大感動でした。知人の案内でとても良い場所に陣取れたのも幸いし、次々に夜空を彩る見事な花火を心ゆくまで堪能することが出来ました。

「あのネ、花火は日本の宝なのよ」

「タカラって何ですか」

「あなたの国の象使いや、踊りと同じで昔から大切に伝えてきたものなの。爆弾と同じ薬品を戦争に使わず、みんなが喜ぶ美しいものにしようと、日本人は何百年も前から研究して、花火を考えつきました。丸い紙のボールに色や形を考えて作った薬を入れて空で爆発させるの。作る人は〝花火師〟といって、作っている途中で爆発することもあったりする、キケンな仕事でもあるのです」

私は彼女に、花火は平和の象徴であることを告げ、戦争が終わり花火を見てみんな手を取り合って歓喜した話をしました。

「私の国ではムリね。こんなに大勢の人が集まれば、いつ本物の爆弾が仕掛けられるか知れません。

誰がやったのかわからなくなるから利用されるのです」

長く厳しい民族間の憎悪の歴史を改革するために、異文化の地で熱心に学ぶ研修生のナディラさんにとって、この夏の花火は特別の意味があったと繰り返し伝えてくれました。

クリスマスを迎えて

クリスマスおめでとうございます。

クリスマスの主人公は、今から二千年前、ユダヤの国のベツレヘム、小さな馬小屋の片隅で誕生されたと言い伝えられています。当時のユダヤはローマ帝国の支配下にあり、貧しい民衆は絶え間ない闘いに明け暮れ、権力者の強い搾取に苦しみぬいていました。

そのなかで平和の主、神の子の降誕を信じ待ちわびていたのです。一番先に天使のみ告げをうけたのは、最も身分が低く、定住も出来ない羊飼いでした。そして、星を頼りに長旅の末、ようやく、み子イエスに出会えて歓喜する三人の博士たち。

クリスマスの物語は、この世の富や身分を越えて、みんな一人の人間として神の子の前では平等であり、愛をもって結び合わされている関係であることが示されているのです。

一二月はじめの一週間、NHK『時の記録』として第二次世界大戦末期のありのままの記録を放映していました。中国、ビルマ、フィリピン（レイテ島）アウシュビッツ等です。余りにも無計画に勝ち目のない戦争に、国民を洗脳した上突入した「日本」。そのために数知れぬ若者たちが無惨な死に追いやられ、くずれていく死体の山がそのまま画面に映し出されていました。

国のためを信じて命がけで闘った純粋な若者も多かったことでしょう。けれども、残念なことに自他共なる「命の尊厳」を教えられなかった兵士たちは現地住民を虫けらのように粗雑に扱い、殺人、略奪、凌辱等により、時を経ても消されることのない深いうらみを買いました。

そうして、いまの私たちの生活は一見平和で満ち足りていますが、国の借金残高は五百兆円、税収の一一年分に相当すると発表されています。あまりにも無策な行政のありかたが、五十幾年前の苦しい歴史と重ね合わされ、不安は増します。

世界各国で盛大に祝われているクリスマス、それは一人ひとりの生き方の中にイエス・キリストがみことば『聖書』の中で教えてくださっている。「愛」、他者のために祈り、許し合い、助け合う平和の規範をもう一度見つめ直すことに本当の意味があるのです。

ご家庭のすてきなクリスマスのために
心からお祈り申し上げます。

ゆりのき保育園のクリスマス会

（二〇〇〇年）

二一世紀希望の夜明け

二一世紀の幕開けと、いやが上にも世間の期待が高まっていた西暦二〇〇〇年元旦も、コンピュータ社会の誤作動の不安が大きく、味気ない新春となってしまいました。

予定していた元旦の名古屋行きも二日に変更、途中で新幹線が止まることも覚悟の上で、元気印の中学二年の孫と出発しました。車内は空席も多く、今年のお正月が無事に明けるように、いかに多くの人々が職場を守りぬいておられるかを察することができました。

「ごく当たり前のように、シートにうずくまってオレ達は喜んでいるけれど、当たり前って考えちゃーいけないんだよネ」

声変わりのしかかった孫は、大人っぽく車窓を眺めてそう言いました。

長男の家には二歳と五歳の男の子がいます。健康にすくすくと成長する二人の幼子は、私達にとっては「希望の星」そのものなのです。

文字も文法も関係のない二人は、日本語と英語を自在に使いこなし、人種を見て言語を使い分けるという器用なことを見事にやってのけています。母親が正しい発音を教えているのは、ノースカロライナの故郷で待つ両親と会う折、楽しくコミュニケートできる願いからとのことです。

彼女が現在大学で英語の授業を持っての感想、「話すことも読むこともできない英語を六年も七年も教えられ、英語が好きでなくなってしまっている学生達がカワイソー」

つくづくコトバの臨界期を踏まえた語学教育の重要さをいやおうなしに感じさせられつつ、小さな口許を見つめてしまいました。

カトリックの聖餐にあずかる儀式を二人の子どものために申し込んであること、「お母さん喜んでくれますか」、もちろん大きな感謝であることを告げました。

男の子三人の大騒ぎの中で、エスニック料理とスーパーダイエーの高級お重詰、仕事生活からも解放され、とってもリラックスできた新春、嬉しいひとときでした。

ジャズの名演奏に思う

暦の上では春なのにめっぽう寒く、「早く暖かくならないかな」、各地の雪の便りを溜息まじりで聞く今日この頃です。

気の抜けない仕事と、子ども四人に孫六人一人親（ババ）の何と忙しいこと。どっしりと腰を落ち着けて居られず、つい浮足立ってしまう。珍しがりや読みたがりや見たがりやの性格から来るものも多いですが、なんでこんな面白い世の中が嫌になってしまう人がいるのかしらと、不思議に思えてならないのです。そのノリの中で、子どもの一人に誘われてジャズを聴きに行きました。

原宿駅近くの、どこまで降りたら着くのかな、不安を感じさせる狭い階段、着いたところがジャズ喫茶、さほど広くないホールでした。演奏者の知人ということで特別席に着きました。初めての経験です。眼の前のステージにグランドピアノ、ベースギター、ドラムがセットされていました。あんまりキョロキョロしてはみっともないかなと思いつつ、そっと見廻すまわりの客は、ファンなのでしょう、外国人も多くシャレた感じの人々でした。子どもも何人か来ていました。前の座席の少年は、お父さんが大のジャズファンで、今日はピアノを習っているその子を誘って来たと話していました。

やがて演奏がはじまりました。ピアノはローランド・ハナ、ベースギターはポール・ウエスト、ドラムはエディー・ロック、アメリカジャズ界の巨匠と言われる人々の演奏でした。満席の人々はうっとりと聴き惚れ、私でさえ名曲、名演奏に魂が揺さぶられました。三人とも楽器とからだが一体化しているように自然に笑顔を絶やさず、六〇分のステージを演じ続けました。

休憩に入り、アーチスト達は客席にやって来て親しげに握手、会話をかわしていました。かの少年は、お父さんに通訳してもらいながらハナ氏に何か熱心に質問していました。

「ステージ演奏のほか、初歩から一流のピアニストまで何十人も教えている。一生勉強しなければ楽しく弾けないよ」、答えながらいっぱいキスされて、彼ははにかんでいました。

いつもにこやかで気取りのない名演奏者、それにひきかえつんと澄ました演技者のカッコづけと、一方何でも金もうけに結びつけてしまうこの国の拝金主義の貧困さが芸術を庶民から遠いものにしてしまう。

「神が咲かせ給うた花を編んで花輪にするのが芸術である」

ゲーテの詩を口ずさみつつ、「神さまこの国を……」

もろもろの祈り想いはあれど、今宵の恵みに感謝し、心豊かに家路を急ぎました。

美しき友の旅立ち

美しい花咲く希望の春、国の制度による節目の時、三月は多くの人々に悲喜こもごもをもたらす季節でもあります。

十字架に向かわれるイエス様の血の汗したたるお姿が彷彿されるゲッセマネの園、ペテロが時の権力を恐れ、三度弟子であることを拒んだ鶏鳴教会の庭、捕らえられ急き立てられながら、刑場への道をイエス様が一足一足下られたといわれる、当時のままと伝えられる石の階段、五年前に参加したイスラエルへの旅がこの時期特に深い感動をもってよみがえるのを覚えます。

一昨日「姉の納骨を済ませました」、挨拶状が届き、あまりに早い月日の流れに驚きながら、しばし電話で妹さんと親友Mさんの思い出を語り合いました。主の十字架と復活を固く信じて押し寄せる試練に笑顔で応え、召されていったMさんでした。

七人きょうだいの長女として生まれ、あのきびしい戦時中に小学校を卒業するとすぐに洋裁店の内弟子に入り、器用さと真面目さが認められてそれなりの報酬を受け、結核を患う父親と看病疲れの母親、幼児から小学生まで六人の弟妹の養育が彼女の肩にかかっていました。敗戦の色濃い昭和一七、八年当時のこと、福祉手当などあったとしても僅かなものだけだったと思います。父親は病院嫌いを通し、医療費の都合もあったのか通院もして居らず、見かねた私（陸軍の看護学生）は教官に頼んでは、内緒で薬のアンプルをもらい受け、日に何度か痩せ細った腕に注射をしてあげました。現在では考えられない切ない時代でした。

やがて時は過ぎ、友人のガンバリのお陰で弟妹達は学業も終え、成人しました。それぞれに結婚されましたが、病身の父親は早逝、働き抜いた母親は八十余年まで友人の介護を受け多難な生涯を終えました。六人の弟妹の名実共に親代わりであり、生活の浮沈にもすべて手を貸し、まるで物語のような一人ひとりの消息を長い電話で伝え聞かされました。彼女の日常生活は洋裁一本で、自分のアパートにミシンを置き主に固定客の仕事をとっていましたが、親族へのきめこまやかな配慮のほかに所属教会の病弱な方々への奉仕も日夜を問わず、人柄を慕って仕事を頼みに来られる人、近所のお年寄りなど、生涯独身を通した彼女の身辺は常に光に満ちていました。

昨年七月末のこと、「ねえ京子さん、わたしガンなの、それも末期、腹水がたまって妊婦みたいよ」、いつもの元気な声で他人事のように告げられた重大な告白、一瞬声を失いました。『治療は信頼する牧師に勧められ、韓国に本部のある自宅療養（食事療法）を主とした東洋医学により病根を除去して健康体になる』、彼女の固い信念に言葉挟む余地はありませんでした。牧師館の一室にふとんが敷かれ、牧師ご一家の献身的な看護には尽きぬ感謝を覚えましたが、食事は米糠を中心とした治療食品と水、週一回程の同じ医療団医師の往診、訪ねる度に病状は悪化し、力をふりしぼって賛美と感謝を親しい人々に告げながら、一一月二一日、病気発見後四ヵ月足らずで彼女は静かに天に召されました。

葬儀の日、礼拝堂の正面に飾られた美しい写真、そうして写真のままの薄紫のイブニングドレス、花々の香りの中で彼女の姿はキリストの花嫁にふさわしい旅立ちでした。車椅子の方々の参列も目立つ式であり、司式の牧師先生のメッセージにも深い感動を覚えました。

「さようなら、また逢う日まで、最愛の友よ。」

たくさんの別れ、そして新しい出会い、私達にはわからない不安も限りなくありますが、すべてを神様にゆだね、今日この時を起点として天に向かい日々新たな人生を歩みだしましょう。

四月

休めると思っていた土曜日も、急な来客や父母役員会が入り、やっと体が空いたのは夕刻五時。急いで駅へ向かい、在来線、新幹線と乗り継いで孫の待つ家にたどりついたのは九時を廻っていました。

パジャマ姿で待ちわびていた小さい孫からは、『きかん車トーマス』をいじらせてもらうという大歓迎を受けました。翌日は、訪問の目的である外国人家族グループのイースターの集いに参加するために、かわいい服に着替え、篭をかかえた五歳と三歳の孫、両親と共に、会場になっている城山公園に向かいました。もう四〇世帯ぐらいの子ども連れの家族が集まり、食事をしたり遊んだりしていました。

さまざまな事情で来日している欧米系の人々が、教会または口コミで知り合い、週一回決められた会場に集い、幼児のために母国語、絵工作、うた踊り等、それぞれを得意としている親達がカリキュラムを作って教え、二つの国の文化を楽しみながら伝えようと努力しているグループです。

いよいよ玉子拾い、今年のリーダーのお母さんが英語でルールを説明しました。兎のシールや縫いぐるみの入った籠をしっかり抱えた子ども達が両親と一緒に小高い丘に登って行きます。「ルック　ルック、アッタヨー、マミー」こんなあんばいで、木の枝や草かげに隠されたきれいな玉子を見つける子ども達の目は輝き、大人達は遠い昔の自分の姿を想っているようでした。

やがて公園のベンチに戻り、色とりどりの玉子ケースを割り、中に入っていたお菓子に歓声を上げながら食べ合っていました。私もいつしか仲間に入ってしまい、お菓子やおにぎりをごちそうになりながら、話に花を咲かせました。

イースターの集いでたまご拾い

ふと、何十年もやってきたイースターのゆで玉子、故事にならったゆで玉子拾いも、現在の子どもにとってはあまり喜びにつながらないかも、「イースターの喜び、楽しみを子どもと共有するために、ずっと前からこうしているのよ」と、みんなから聞きました。

玉子のケースをアメリカから送ってもらい、保育園でも来年はやってみようかな。イエスさまのご復活をより具体的に子ども達とうんと楽しく祝うために。

「わたしの小羊を養いなさい」

ヨハネによる福音書二一―一五

このイエスの言葉は、イエスに愛されている者として、日常生活の中でどのようにして、神と人とに仕えていったらよいかを教えるものであります。すなわち、すべての人々を「隣人」として行なう愛の行為は、イエスに対することと同様であると述べられているのです。

わが子は神からの賜もの（授かった尊い命）として慈しんで育てること、その任務を日常の繁忙さにまぎれて疎かにしないように、大切な「心を育てる」親業に励んでいきましょう。

おもう――猿の爪の垢では

美しい新緑、日本の山河、一一日の職員旅行で味わった五月の自然の味わいは格別でした。雨上がりの風景はどこまでも透明で美しく、この日々に生きている幸いが体の隅々まで沁み透りました。

特に今年は長い間の沈滞ムードというか、政治の不透明さに、「この国の未来をどうしてくれる」という不安と苛立ちが人心を被い、敏感な若者たちを自暴自棄に追いやり、不幸な事件は後を絶ちません。しかし今、何かが変わろうとしている。国民は希望を持ちはじめ、今年の新緑が特に鮮明に目に映るのはそのゆえんなのかも知れません。

五月一三日は母の日、

「あなたの父と母をうやまえ」

みことばをしっかり覚えて母の日を迎えた子どもたちは、保育の中でたくさんのかわいい報告を伝え合い、ホールいっぱいにやさしさが満ち溢れました。

私も遠方に住んでいる三人の子どもからカードを添えた美しい花束を、近くに住む娘夫婦からはハイテク体重計が贈られました。それがまた、ニランでいるように体重から体脂肪まで正確に数値を示してくれるのです。ガンバラなくては……。

またかわいい話もあるのです。昨年はお小遣いもなく野の花を摘んで「ママ、アリガトウ」と贈ってくれた三歳と五歳の孫のやさしさに涙していた長男の妻が、「今年はりっぱな赤いカーネーションをもらったの」と成長の喜びを伝えてくれました。

振り返れば、戦後母親になった者にはつらい時期がありました。物資の欠乏とはまた別に、思想信条を整理する暇もない、占領軍による天下り的な民主主義は多くの混乱をもたらしました。特に教育、育児については封建主義への復古を恐れてか、従来の文化の否定と個人主義的な新時代への対応がアメリカ人の生活をモデルに世を風靡しました。おんぶも抱っこも母乳（これには異論もあった）も甘えの構造に繋がるものとして否定され、赤ちゃんも一人で寝かし一人で遊ばせ、大人が手を出さず独立心を育てる。まじめな親ほど一生懸命実践しました。大切な子どもに対する責任を考える親心でした。

子どもの成長は早く、思春期を迎えた頃には乳幼児期のスキンシップの欠落を原因とする、他者をかえりみるゆとりのない人間に育っていました。その結果による「浅間山荘事件」等さまざまな事件は周知のとおりです。子どもの起こした事件に追い詰められて世の知識人と言われた多くの親が社会的な地位を追われ、または命を落としました。幸い仕事の関係で学び得た知識により、可能な限りのスキンシップを意図して、反抗する子どもたちと苦しいつき合いを続けました。

その最中お訪ねくださった作家三浦綾子さんに切ない事情をお話すると、

「よくわかるわ、でも羨ましい、子どもために悩めるんですもの」

とのお答えに、不用意だった自分を反省し、わが身を見つめなおすことができました。夢の二一世紀、豊かさの陰にある心の貧しさ。大人の子ども離れはいよいよ進んで、行くところまで行きつきそうな恐怖を覚えます。

日光猿軍団校長　間中敏雄氏曰く、

「ウチは生まれたての猿をママさん（妻清子さん）がミルクやって、一緒にふろに入って、一緒に寝て、外に出るときもねんねこ入れて、おぶって出掛けるんだよ。すると不思議なもんで、素直ないい猿に育つんだ。以前、三匹一緒に面倒みたときに、忙しすぎて愛情不足だったんだろうね。いじけた性格に育って芸を教え込むどころじゃなかったよ。猿に教わることも多いね。死んだ子どもがミイラになっても絶対に離さず、抱き続けてね。『幼児虐待』、猿の爪の垢でも煎じて飲ませたいよ。猿も人間も関係ないね」

深く考えさせられた一言でした。

嬉しい便り

アメリカのロサンゼルスに住んでいる三女からの電話です。

『お母さん和英の聖書をまた送って』

宝石鑑定の勉強をすると称して渡米し、そのまま居座って結婚。せっせと夫婦で教会の仕事にいそしんでいます。

和英の聖書は日本人留学生のために使うのだそうです。こんな質問をするのは初めてですが、

「何人ぐらいの教会なの」

『三万人ぐらいになったと思うよ。この頃日本が不況なので、真面目に勉強する留学生は、ずい分減っちゃったの、遊びに来る人はたくさんいるけどね！』

私は耳を疑いました。

「どのくらいの教会」

『そんなに大きくないよ、だから五回に分けて礼拝しているの、朝七時、一〇時、一二時、三時、六時、それでもいっぱいよ。三回、建て直したのだけれど、すぐ満杯になってしまうの。伝道師もたくさんいるんだけれど、みんな牧師の話を聞きたいので、そういうことになってしまうのね。七〇歳くらいの牧師はとっても大変、でも若々しいよ』

メッセージは旧新約の聖書のみことばに忠実であり、多くの人々の魂が満たされ感謝に溢れた礼拝であること、第二次世界大戦、ベトナム戦争に参加され生死の極みを体験された方でもあること、

それにしても三万人とは。

三人の子どもが、日米を足しげく往来する我が家、ペーパー認識とは異なるアメリカの姿が見えてきます。多民族国家が食べていくために、セコク生きながら、弱者に優しい原点がそこにあるような気がしました。


我が祖国は千年の昔から仏教や儒教を受け入れながら中核である普遍的な思想は定着させずいつの間にか節が抜かれて、おやつ頂戴的な欲しがり型に変貌。伝来の宗教とは全く異なる日本教になってきている

司馬遼太郎

なるほどと、うなずけます。

神様がこの国を愛してくださっているのですから、培われてきた歴史的厳しさの流れの中にあって、千年の種蒔きを目ざし、息を長く、奉仕にいそしみませんか。

命をいただく

さやかちゃんのお家は農家です。

広い畑には、トウモロコシ、おいも、人参、玉葱、豆などたくさんの野菜が作られています。ち

いさいさやかちゃんもよくお手伝いをします。卵拾いはさやかちゃんの仕事に決まっています。にわとりが庭や畑のあちこちに産んでいる卵を、カラスやへびに見つけられないうちに集めるのです。

「お母さん見て、今日は一〇個見つかったよ」

「そう、よかったね。お昼はオムレツにしようね」

さやかちゃんは、お家で作るハムやソーセージの入ったオムレツが大好きでした。

牛も二〇頭飼っていますが、今日はお天気がよいので全部牧場に出しました。牛たちは気持ち良さそうに草を食べています。お父さんは朝搾った牛乳を缶に入れ、集積場（牛乳を集める、決められた場所）に持って行きました。その間にお母さんとお手伝いのお姉さんは牛舎（牛の小屋）のお掃除です。毎日きれいにお掃除をしてあげないと牛は病気になったりします。大きな牛ですがやさしく世話をしてあげると、とても懐いてかわいいのです。名前を呼ぶと「モー」とちゃんと返事をしたり、寄ってきて手をなめてくれたりします。

さやかちゃんは生まれたばかりの仔牛の「ハナ」がかわいくてたまりません。今日も保育園から帰ると急いで牛舎に行きました。ハナは立ったまま、お母さんのお乳をおいしそうに飲んでいました。

見かけない大きなトラックが止まっていて、知らないおじさんとお父さんが何か話していました。

牛の「ホップ」がトラックのそばに立っていました。

「お父さん、ホップどうしたの」

「さやか、ホップはもう乳が出なくなったから、牛やさんに連れて行ってもらうんだよ」

牛やさんはおおきな網を出しました。その網をホップはじっと見ました。ホップのやさしい大きな目に涙が浮かび長いまつ毛をぬらしました。

「ホップが泣いてる」

お父さんも横を向いてタオルで鼻をかみました。網を頭からかぶせられ、ホップはおとなしく車に乗りました。

お母さんもお姉さんも来て、ホップに手を振って「さようなら」をしました。

「お父さん、ホップはどこへ行ったの」

お父さんは、つらそうに答えました。

「お肉になるんだ」

「え、ホップ、かわいそう」

さやかちゃんは、ホップの涙を思い出して泣いてしまいました。

「かわいそうだが、牛乳の出なくなった牛をいつまでもおいてあげられないしね」

お父さんはさやかちゃんと並んで干し草の束に座り、話を続けました。

「カレーライス、ハンバーグ、フライドチキン、おさしみ……さやかの大好きな食べ物は、みんな動物や魚の肉から作ったものなんだよ。人間はそのおかげで元気に暮していけるんだ。だから食べ物を粗末にしたらいけないね。動物たちが涙を流しながら大事な命をくれたんだもの」

「食べ物ってみんな命なんだよね、お父さん」

さやかちゃんは、そう決めてくださった神さまに、

「おいしくいただいて元気に大きくなります。お魚や動物、木や草も、みんな愛してください」

と毎日お祈りすることに決めました。

戦争の中で

ゆりのき保育園にはおばあちゃんの会があります。小さい孫たちを毎日保育園に送り迎えしてくれているやさしいおばあちゃん方です。みなさんの楽しみは、月一回のおばあちゃんの会。朝九時から一〇時までホールに集まって、折り紙やコマ廻し、わらべうたなどで子どもたちと楽しく遊ぶことです。五月のはじめに悲しいことがありました。いつも一番張りきって来てくださっていたトメさんが、入院もしないうちに急に天国に逝ってしまいました。

仲良しのおばあちゃんたちは、お葬式が終わってしばらくたってから、お花を持ってトメさんのお家へ行きました。トメさんは仙吉さんと二人暮しでした。写真だけになってしまったトメさんの間で、仙吉さんはとても寂しそうでした。

お茶をいただきながらの話も戦争のことになりました。集まったおばあちゃんたちは七人とも八〇歳以上、仙吉さんは八七歳です。若い頃の忘れられない思い出が語られました。仙吉さんは、トメさんと三歳と一歳の子どもを残して戦争に行きました。その頃は役所からの赤い紙のお知らせがくると、誰でも「いやです」とは言えません。すぐに兵隊になるのです。そうして何も教えてもらえず、どこにでも行かなければなりませんでした。

小さい二人の子どもを連れ、トメさんは親戚の工場で一生懸命働きました。仙吉さんは少しだけ日本にいて、他の兵隊さんと大きな船に乗せられました。着いた所は満州という広い国でした。畑で働いている日本の人達を守る仕事になりました。しばらくの間は、お百姓の手伝いをしたりしてのんびりと過ごしていました。赤い夕日がとてもきれいでした。

平和は長く続きませんでした。突然ロシアの兵隊が攻めてきて、村はメチャメチャに壊され、大人も子どももみんな一かたまりになって逃げ出しました。逃げる途中で銃に撃たれたり、怪我をしたり、疲れて歩けなくなったり、食べ物もなくなってたくさんの人たちが死にました。日本から来てお百姓をしていた人たちです。世話をしたくても薬一つなく、どうにもならなかったのです。

仙吉さんたち兵隊さんは皆一緒に集められ、トラックや汽車の乗せられて、シベリアに連れて行かれました。ロシアの北の方の寒い寒いところです。

ストーブもない狭い部屋に入れられ、食べ物は水と小さい黒パン一個だけ、そうして毎日重い物を運んだり、石灰を深い穴から掘ったりしているうちに、またまたたくさんの仲間が病気になって死にました。仙吉さんは子どもの時から剣道をやっていたので、棒を振り回したり走ったりして体が凍らないように努力をしました。余計におなかもすいたのですが、病気にはなりませんでした。

春が近くなり、畑にジャガイモを植えるように言われました。小さく切ったジャガイモを少しずつ離して土の中に埋めます。おなかがすいて目が回りそうな仙吉たちは、一個ぐらいなら二個ぐらいならと、たくさんあったかごのジャガイモを食べてしまい、気がついた時には半分ぐらいに減っていました。

「だいじょうぶだよ、春まではここに居ないだろうよ」

ところが北の国に遅い春が来て土が暖かくなり、ジャガイモが芽を出し始めました。畑いっぱい芽を出すはずだったのに、バラバラしか出て来ません。ロシアの兵隊がそれを見つけてしまいました。

「どんなひどい目に会わされるか」

ジャガイモの芽を見て、みんなまっ青になっていました。少しえらい兵隊がやってきたので、仙吉さんたちは覚悟を決めました。その兵隊は静かに話し出しました。

「日本人は、心正しい人と思っていたのに残念でした。私は神様を信じています。うそを言うのはやめましょう。畑のジャガイモは炊きもせずに食べたのでしょう。シベリアには食べ物が少ないので、小さなパンしかあげられなくてごめんなさい。一生懸命働いてくれてありがとう」

小さなジャガイモの芽は涙で見えなくなりました。スープも貰えるようになり、半年たって日本に帰ることができたのです。

仙吉さんの苦労話はまだ続きました。七人のおばあちゃん方のご主人たちも戦争で苦しみにあい、そしてみんな死にました。

「平和っていいわね。もう二度と戦争は嫌ですね」

おばあちゃん方は、深く深くうなずき合いました。これは子どものために書いたお話（実話）です。

おばあちゃんの会の梅見遠足

三浦綾子氏の思い出と共に

空港からバスに乗り、旭川駅に着いたのは一二時でした。所用のために行く置戸町、三日間の急ぎの旅ではありますが、せめて層雲峡の紅葉を車窓に味わおうと、二時二〇分の北見バスに乗ることに決めました。それまでの二時間に三浦綾子記念文学館を訪れ、秘書の方を通じて電話でお願いしてあった永山教会の会堂建設募金の趣意書署名のお返事をいただくという、自分なりの予定に従って祈る気持ちで三浦光世氏のお宅に電話をしました。

すぐに「野口さんですね、お待ちしています。何時でも大丈夫ですからいらしてください」とのこと、「ご多忙でいらっしゃるから」と遠慮をしたのですが、「積もる話もあるから」と再度お誘いいただき、文学館見学を先にして短時間お邪魔することに決めました。

いまは訪れる人も多い三浦綾子文学館は、『氷点』の舞台になった見本林の中に優雅で美しいたたずまいを見せていました。世界的に知られるようになった「ユーカラ織」の工芸作家で、綾子氏の親友でもある木内綾氏によるデザインの館は、外観も内部も隅々まで気品に溢れていて、訪れる人に安らぎを与えてくれます。

また文学を通して、出会いを通して神の愛を語り、病苦という重い試練の中で救いの道を示し通された作家の歴史を語る資料の数々がテーマに添って展示され、ご自身で計画されたという、生前の綾子氏の並々ならぬ想いが込められていたことが推測されて、胸迫るものがありました。

タクシーで三浦さん宅へ、午後一時でした。二年前と少しも変わらない周囲に比べると少し古さの目立つお宅です。

「さあどうぞ、お待ちしていましたよ」

三浦さんは変わらない静かな物腰で、あの口述筆記に用いられたテーブルを横にして、それも二年前そのままのソファーに案内してくださいました。署名を頼まれたのでしょう、傍らに新刊本『死ぬという仕事』『綾子へ』、希望を見出せない子ども達（中高生）のために出版社で企画製作した軽装本『氷点』がたくさん積まれていました。

綾子氏の思い出を語り合い、あれほど愛しんでよくお世話をされたのに、

「もっともっと細かいところに気をつけてあげればよかった、後悔ばかりです」また、

「綾子の仕事は自分が救われた感謝のしるしであり、それをたくさんの方々にできることを通して伝えたかったのです。数えきれないほどの相談や手紙をいただき、本を読まれて失望が希望に変わり、『生きる自信が持てた』ことを知らされました。その度ごとに二人で用いてくださる感謝の祈りを神様に捧げました。あの写真の棋士羽生名人もそのお一人です」

「今は、全国からのお招きに体力の続く限り出席するようにし、本も依頼に応じて書いています。残された仕事ですね。でも、そういう私に兄嫁は『光世さん、いい加減に体のことも考えないと、あんた死に急いでいるんでないの』（北海道弁）と言われました。江藤純（作家、愛妻の後を追って自死）のようにすぐに行きたいとの思いがふっと心をかすめたり」

隣の部屋には大きな綾子氏の写真が飾ってあり、故人を慕い次々に贈られる花束、盛花等、見事な白い花々がすき間なく部屋一杯に並べられていました。

明日は網走で講演との予定を伺い、気を揉みながら三時においとますることにしました。永山教会の現在をあらためてお伝えすると、「私でよろしければお用いください。募金の趣意書も出来たらすぐお願いします。心ばかりですが協力させていただきます。石川和夫先生と教会の皆様にくれぐれもよろしくお伝えください」

嬉しいお返事をいただき、前述の新刊本二冊に署名されたものを頂戴し、お別れの間際に「綾子の墓地と、作品の舞台となった場所へご案内したいのですが」とタクシーを呼ばれました。

『氷点』『銃口』『積み木の箱』等々のほか、綾子氏の生家跡、前川正氏の実在の家、勤務された学校等を、運転手さんもお二人の大ファンでくわしく説明されながら約一時間、市内の各所を案内してくれました。病身の故に旭川という限られた地域にモデルを想定し、あのダイナミックなストーリーを展開されたことは、その地を訪れて知る大きな驚きでした。

墓石にはお二人の名前が仲良く並び、

着ぶくれて吾が前を行く姿だに
しみじみ愛し吾が妻なれば
光世

病む吾の手を握りつつねむる夫
眠れる顔も優しと想ふ
綾子

両側に彫られた歌碑に尽きぬ思いを残して、旭川を後にし、置戸町に向かいました。

晩秋に―死んだらどうなるの―

晩秋の朝、露を含んだすずかけの葉が三枚、白いカウンターの上に並べてありました。色づいた葉、葉脈のたとえようもない繊細な美しさ、ふと絵本『葉っぱのフレディ―いのちの旅―』を思いだし、そっと傍に置いてみました。ベストセラーになった絵本であり、二三年前の人気絶頂の時には「あまり夢中になり、大人気ない読者たち」との厳しい批判もありましたが、この季節にページをめくると、実に味わい深く、自然と共にある自分の命が限りなくいとおしいもののように感じられるのです。

テーマを一つにするもう一冊の本
『死んだらどうなるの』
ミスター・シリー?
デットメュテン（人間と歴史社）

園児のお父さん、妹尾浩也氏（グラフィック・デザイナー）が園児の書いた「エンジェル」の絵をとても気に入り、心の中で温めて居られたものを今回カットに生かされて出版された本です。

（表紙は五歳の在園児の絵）

内容は、この本を手に取るまでは考えも及ばなかった世界、難病のために明日をも知れない短い命を生きる子ども達を、テディーベアの人気作家である著者がふとしたきっかけでたくさんの自作のテディーベアを抱えて訪問し、慰め励ましにとどまらない、人間として真摯に彼等と向き合う日々の記録です。

最後のクリスマス

ジェイクに出会ったとき彼は九歳だった。彼の予後は絶望的でよく見積もっても余命三ヵ月、諸般の事情を考えれば、三週間といった方が現実的だった。彼はありとあらゆる医療機械につながれていた……。彼は健康な子どもだったことは一度もなかった。今の彼は簡単にできることは何もなかった。食べる事、息をすること、動くこと、特にしゃべることは残されたエネルギーを全部奪い取ってしまう。しばらくつき合っているうちに、指のサインや顔の表情で意思を伝え合う方法を見つけた。やがてせきを切ったように話がはずんだ。

ほとんどの子どもがそうであるように、ジェイクにも最後の願いがあった。もう一回だけクリスマスを過ごすことだ。彼に残された時間を考えると、これは絶望的に思えた。私がそう言うと、彼は「がんばってみせるよ」と伝えてきた。私は「こっちだって奇跡を信じているよ」と言った。

病状はどんどん悪化し、医師たちの判断も厳しいものだった。しかし、ジェイクは「神様とは交渉ずみだ、自分が約束を守れば、神様は応えてくれることになっている」と固く信じていた。ジェイクは死についての真実にすでに直面していたし、治療を願って立ち往生しているわけでもなかった。ただ、クリスマスをもう一度迎えたかっただけなのだ。

彼はそれから三週間後、自分の「時」が来たことを人指し指をあげて合図した。私達は直ちに準備にかかった。

一〇月九日、サンタが現れた。手には袋いっぱいの贈り物、そして『ジングルベル』を歌う禿げ頭(抗ガン剤の副作用)のコーラス隊を引き連れて。家族と友達に囲まれて、ジェイクは彼にとって最後のクリスマスを祝った。

その晩、ジェイクは約束を守った。目を閉じて、なるがままにまかせたのだ。

木の葉だけが知っている

マリアンはオレンジ色の髪と、大きくて茶色の目をしていた。一〇歳の彼女は精巧で壊れやすい陶器のお人形のようだった。彼女の病名は白血病。

「お薬も治療もうまくいってないの、もう何もやることがなくなってしまいそうなの。自分はいつ、どこで死にたいのかを考えてるところ。自殺、そうじゃないわ。人生のハンドルを自分で握って自分で決めたいってことなのよ。生に執着するのをやめて、外に出て本当に生きることをはじめた人たちの本を読んでいるところなの、……いま私は、そうすることがあたしのとるべき道なんだって、真剣に思ってるの」

——そこで子どもたちに行なうように励ますのは、たった一つの祈りだけだ。

「もう一日だけ生きられるのなら、私は精一杯その日を生きます」

ニュースになるくらいですから、統計的には総人口のごく少数には違いありませんが、事故死の要因は日々重苦しさを増しており、そのショックは大きいものです。

神が命と共に自由を与えられ、人間が自ら思考し選択しながら生きるということは生やさしい事ではありません。しかしどんな場合でも、「命」（神のもの）に手を触れるべきではないはずです。すべてを御手にゆだねながらも思いきり積極的に命を全うしようとしている「自然のいとなみ」「幼い人たちの生きる戦い」。

この秋二冊の本を通して、神はあなたに大切な秘め事をささやいてくださるであろうことを期待して、ご購読をお勧めします。

思い出のクリスマスキャロル

九五歳で逝った義母との別れ、いつものように会ってすぐ帰るという事情とは異なり、しばらくぶりに顔を合わせた人々と語らいつつ、ゆっくりと時間が流れました。冬に入った北海道は粉雪が舞い、昨夜の雪で薄化粧した木々は本当に美しい。駅前のそば屋は店主が親戚であり、卒園生でもあるので話がはずみ、何よりも四十代～五十代になった人々の消息を知ることができてうれしく思いました。

人口四千人の小さな町並は、道路拡張のため家々も改築されて本当に美しい。今は町政から病院、商店、老人ホーム、図書館と、主要なポストを固めて住み良い町にしようとがんばっているという報告もありました。

集まれば必ず出る話は、楽しかった思い出、特にクリスマス。牧師の扮したサンタクロースが分かっているのに本物に思えてとても怖かったこと、大きな十字架にローソクの火を灯してみんなでかつぎ、辻々で歌うクリスマスキャロル、マイナス一〇度の外気に光は冴えに冴えて輝きを増す。日曜学校の生徒達は、その感動をしっかりと記憶に止めていたことでしょう。

『しらかばの子ども達』

古い荷物を整理していたら、一冊の文集が出てきました。（一九六三年　置戸小学校編）

冬じたく

二年松組　川村尚志

秋のおわりにうちのかあさんが、たかださんで「はたはた」を一はこかいました。ばんにみうらさんのおばさんがうちにてつだいにきました。はたはたのなかにはえびやかれえがはいっていたのでぼくはえび、ねえちゃんはかれえをみつけることにしました。とうさんもてつだってはたはたをつけました。おいしくなるのをたのしみにまっています。

うれしかったこと

六年梅組　武田ひろみ

うれしかったことといえば、今までにたくさんあった。でも私にはわすれられないぐらいのうれしかったことがあった。それは、字を読むことと、字が書けたときだった。

自分の字は「ひろみ」という字なんだと知って新聞をひろげて、ひ、ろ、みと字があればその字に印をつけておいた。こうしてすこしずつ字をしっていったのである。それだけに、本を買ってもらってよめるのは都合がよかった。弟たちに本をよんできかせたり、自分で本を読んで、ねる時に本のお話をしてやったりした。……字を読んだり書いたりすることがだいじなんだということがよくわかりました。今も新聞や本を読むことが大すきです。

○　メリークリスマス　二〇〇〇年

まあるくなってダンスしよう

たのしいことといっぱい　クリスマスの一日。

神学校を出て新しい任地に遣わされて一年目、何とか皆様方の祈りに支えられて終えることができ感謝をしております。

網走聖ペテロ教会内　松井新世

こうしてみんな「保育園の砂場」から、神と人とに育てられ、大きくなっていったのです。

（二〇〇一年）

お正月、むかしといま

二一世紀も明けてもう半月、年月を重ね恵みの日々の有難さをしみじみ思います。さて一五日は小正月、ひと昔前はどこの家でも葉の落ちた木の枝とつげの木を石臼のまん中の穴にさし込み、白い小さなだんご（繭玉）と小さいみかんをたくさん小枝に刺して床の間に飾り、豊作を願いました。餅をつき、ご馳走を食べ、新しい着物や服を着せてもらって子ども達は正月以上に楽しみました。親も仕事をせず遊びの相手をしてくれました。「薮入り」、つまり小正月は働く人達の休日だったのです。

町へ働きに行っている若者達は、シャキッときまった服装で、おみやげのまんじゅうなどを下げて帰ってきます。隣のお嫁さんは新しいねんねこ半天姿でいそいそと実家へ急ぎます。代わりに嫁いだ娘が帰って来ます。縁側の陽ざしは暖かく、集まって来た近所のおばさん達に初孫を褒められ目を細めている隣の家族、ふっくらとした赤ちゃんの安らかな顔、正月だけ食べられる、みかんやするめのいい匂い。村には、ゆったりとした穏やかな時間が流れます。

正月前には村中総出で「道ぶしん」を行い、村は隅から隅まで掃除をし尽くされて正月を迎えます（本当に一年中きれいだった）。汚いものはみんな燃やした（燃やせた）からさっぱりしたものでした。化学製品はなかったし、ビン缶は回収屋に高く売れました。鍋、釜は穴が開けば「いかけやさん」に修理してもらい一生使いました。それぞれの家は手伝い合って修理し、数少ない店は何代もやっているので、カンバンもポスターも要らず、『○○や』商品が屋号になっていました。村には一ヵ所ゴミ棄場がありましたが、ゴミのほとんどは土に還り、春先には花や野菜のかわいい芽がたくさん生え出して、子どもの夢の場所でした。

中国の農村は政策上の理由で大変そうですが、ヨーロッパやアメリカの田舎では同じような時間の流れを感じます。つまり、限りある人間の生活時間（質）を豊かにするために、国、州、自治体で条例を定め、かなり厳しく就業時間をセーブし、家庭生活重視の方向に進めてきているのです。

さて今の日本、人間のことはすべてこれからといえそうですが、世の中がそんなに悪いとは思えませんし、昔だって継子いじめや虐待はたくさんありました。父親の子を生んで姿を消した娘もいました。手のつけられない放蕩息子に体をあずけて河に身を投げた病身の母親もいました。

現代と異なるのは、日夜茶の間に入り込むメディア公害はなく、ローカルな事件として知人の間で語られ、同情と共に消え去ったということです。最悪なのは洗脳によって生じる虚無感です。

（朝日新聞の投書より）

脱出しないで日本変えよう

高二　一六歳

私は人生経験も浅いただの子どもですが、日本の状況を変えたい、変えなければならないと思います。政治に対しても、あきらめてはいけない、今の状況を嘆くだけではなく、これからの世代に忠告して下されば、変わる人も増え、良い方向へ進んでいけるのではないかと思うのです。

高三の孫からお年玉を貰いました。きれいなパッケージを丁寧に解きました。何と、日めくりカレンダー『戒老録』（曽野綾子作）

☆「一生涯、身だしなみに　気をつけること」

「ハイ」

☆「さまざまな苦しみは人間の最後の完成のために与えられた贈り物と思うこと」

「感謝したいです」

☆「大いに旅に出たらいい。いつ旅先で死んでもいい、自由な年齢になったのだから」

「ガンバリます」

☆「昔話はほどほどに……」

「よーくわかりました」

六月に「いのち」をおもう

生い繁る豊かな緑。熟した花木の実に群れてさえずる小鳥達。六月は創造の神の御業による生命のたくましさを感じる季節です。

年度の切り換えの課題である行政への提出書類の作成に日夜追われて二ヵ月半、やっと肩の荷を下ろして思うのは、九七年以来民営化されたはずの保育所なのに事務量は軽減されず、うず高い来信を含めて文書の処理は増すばかり、本当に変な話です。ともかく、やれやれと我にかえり、大切にしていた杉並区上水保育園の記念式典でいただいた資料の数々を開くことができました。

百年のいのち

東京家庭学校創立百周年、上水保育園五〇周年、障害者のための光ホーム一〇周年、合同による大きな記念行事でした。東京家庭学校は明治三二年に留岡幸助先生が創設され幾多の艱難を乗り越えられて、この国に福祉の礎を築かれたのです。主と共に歩まれた先生のご業績は幾多の御著書として編纂され、福祉の道しるべとして今も生きて働いて居られます。北海道遠軽の家庭学校は大正三年分校として設立されたものです。

記念礼拝（式典）は、広い園庭に大きな大きなテントを張って行われ、校長であり園長でいらっしゃる今井譲先生の司会で進められました。各施設の関係者、来賓の方々で広い会場は人があふれるばかりでした。

「家庭学校」。その名称のように杉並の一角、その周辺、地域を神と人を愛する信仰に満ち満ちた暖かい家として歴史を重ねられ、何十万の人々が豊かな愛によって育まれ巣立たれたことでしょう。百年の歴史を、未来へ続くでありましょう太き流れが限りなく尊いものとして胸に迫り深い感動を覚えました。

式典の表彰者の多くは、従業員、ご近所のパン屋さん、塗装屋さん、出版社、ふとん屋さん、日頃何事をおいても家庭学校と、馳せ参じてくださる方々とか、お祝辞も「今日は言わせてください

『私達の家庭学校』との熱い想いが伝わり感動的でした。

多くの来賓の中で、「先輩（今井園長のこと）に呼ばれたので」と嬉しそうに祝辞を述べられた石原行政改革担当大臣は優しげで、すっきりとした好青年でした。

五〇周年記念に発行されたという、職員の方々の園児への想いを結集された素晴らしい『保育カリキュラム』を保育園関係者だけいただくことができました。日々何百人もの人々が生活される大世帯のお母様役今井静子先生は、大勢の来賓はじめ行事のすべてに心を配りながら、暖かく静かに見守っておいでになりました。

心も凍る　嘆きのいのち
大阪府池田市の事件は、子を持つ者も、持たざる者も一様に悲しみに胸をえぐられます。
神さま、どうぞ召された幼い魂を天使の群れにお加えください。残されたご家族の消し難い悲しみにも御いやしを、お与え下さい。

八月の旅

何歳になっても娘は娘、電話で聞く成長した孫の顔が見たくて、七月の末から八月にかけて夏休みをとり、カリフォルニアに住む娘達の家を訪れました。前から行きたいと言っていた高一と短大一年生の孫も一緒の旅でした。いとこ同士の再会がとても楽しみだったようです。

空港から一時間、数年前に求めた住宅団地に娘の家はあります。高台で広い敷地に白に近いグレイ、またはサーモンピンクを基調にした家々が並び、どの家も品の良いインテリアや花々で飾られ、溜息が出るような美しさです。

どの家も車社会の必要性から、正面は車三、四台入るガレージ、玄関はその横、室内は一、二階に広いリビング、キッチン、バス、二階にはバス付きの個室がゆったりと配置されています。「やっぱり広いねー、気持ちがいいわ」、五〇m^2の２ＤＫ、二匹の猫付きの我が家と比べて口に出た言葉です。

「ウチ、セマイヨ」、アメリカ育ち生意気盛りの中一の女の子に「コラー」。

戸外に出ればすぐ近くにきれいなプールがあり、一日中泳げ、各戸にプール用のキーが渡されていて、事故のないように管理人が、どこかでしっかり見守っているのです。

ヨーロッパの都市国家がベースになっているせいなのか、団地には団地の規則があり、家の整備を怠って美観を損ねたりすると直ちに罰金、ゴミも同様、やっぱり人間の弱点も考慮に入れたシステムの合理性に感心しました。

遠出をするつもりはなかったのですが、娘夫婦の好意でグランドキャニオンに行くことになりました。砂漠の熱気を避けるため早朝に出発、住居のあるオレンジ郡は二〇度で避暑気分でしたが、ハイウエーを走るにつれて気温は上昇、一〇時間の砂漠の旅はすごいものでした。

百度を越す熱射に古い車は二、三度エンスト。キゲンを取りとり、目的地に着いたのは一七時でした。国内でも時差があり、やっぱり広い国です。

「グランドキャニオン（大きな蟹の渓谷）、納得のいくたとえでしょう。地質学的にはいろいろ学説があるが、旧約聖書の『ノアの方舟』の時代、世界中を洗い流した大洪水が引いた後に固められた地面の後とも言われているのです」

娘の夫の説明も神様の次元として語り伝えられているという壮大さに驚き入るばかりでした。赤茶けた岩盤が層をなして積み重ねられ、それに自然の浸食がさまざまな造形を生み出し、神の御手による景観は行けども行けども果てしなく繰り広げられているのです。

「人間が小さく見えるね」、言葉にならない感動を平凡に言い合いながら、写真をいっぱい撮りました。

一泊して「ザイオン　ナショナル　パーク」へ、そこには流れあり、樹木あり、奇岩から滴り落ちる滝あり、遠くに望む雪をいただく尖塔のような山々、山道を進むにつれて景観が変わり、この世のものとは思えない美しさでした。

グランドキャニオンで孫と

夜のラスベガスは、「これでもか」と思えるようなきらびやかな人工の美（イルミネーション）、世界中のゲームマニアが集まってきて盛運をかける場所にしては、パチンコ屋さんのような気楽なゲーム機がたくさん並んでいるのです。臆病者は手も出せず、「こどもカジノ」で遊んで翌朝早く帰路に向かいました。

旅をしながら感じたことは、どこに行っても家族連れ、手を取り合った老夫婦、幼い子連れもあり、体も大きなティーンエイジャーが父母と仲良く連れ立って歩いている姿でした。「子どもが少し大きくなると友達の方がよくなる」、日頃見かける日本の光景とはずいぶん違っているように思いました。

考えてみれば、私達は小さい時からあんまり「友達」に力を入れすぎたのではないでしょうか。一年生をまず「友達百人できるかなー?」と歌って送り出し、〝友達こそ絶対〟を教え続けていくうちに、子どもは素直に親を見向きもしなくなる。つまり子ども達はお互いに責任がなく気楽な横並びの友達関係に安住し、大切な親からの文化の伝承を鬱陶しくなってきているのではないでしょうか。頑固に体を張って子どもを守り、きまりを守らせ、幼い時からキリストの教会へ連れて行き、聖書の教えを共に学びながらお互いの尊厳を理解させつつ導いていく。

もの静かで喧騒とは程遠い庶民の生活を行くたびごとに感じさせられ、日本の戦後教育の片肺文化をあらためて反省させられます。国の方針だけに頼らず人類共有の価値観に目覚めて幸せを追求し、制度としても根付かせていくべきではないでしょうか。

この原稿を書き終えてすぐにニューヨークの悲劇が起き、全世界の人々の心を凍らせました。孫達は見納めになってしまった世界貿易センタービルの惨状にやり場のないショックを受けています。

ダウンタウンから少し離れた地区に住む長女からは、「消防士やボランティアの人達は、手足または身体中にマジックで自分のアドレスを書いて救助活動を続け、肉片になっても家族の許に帰れるようにと祈りながらがんばってくれているのよ」と、現場からの怒りと悲しみに震えるメールが届きました。

「剣をさやに納めなさい　剣を取る者は皆剣で滅びる」

マタイによる福音書二六・五二

「いついかなる時にも共に生きて働いてくださる神様、この地上の大部分の人々は争いを嫌い平和を望み、『人にはできないこと事も神にはできる』みこころを深く信じて生きています。民衆をお救いください」

長崎をたずねて平和を思う

五月の連休に長崎に行き、早朝平和公園を訪れました。

爆心地に建つ、焼け爛れた天主堂の一角は当時の惨状を忍ばせ、天地を支える平和の像をはじめ、建立した人々の想いが年月を経ても脈々と伝わって来る数々の像――それらに刻まれた「再びこの惨禍を繰り返すまじ」と、血を吐く想いで訴え続ける数々の詩、言葉。五六年前の八月九日に、アメリカ側の「戦争の終結」という理由で、一発の原子爆弾（リトルボーイ）が市民の暮す街の真中に落とされたのです。

戦争の恐ろしさは、できる限り多くの敵を抹殺するという狂気の作戦論理がまかり通ることにあります。

医師として激しい業務に挺身中、原爆を受け、重症の身でありながら悲惨を招く戦争の恐ろしさから人々を救うために世界中にたくましくアッピールした故永井隆博士は、二人の愛児に敬虔なクリスチャンとして大切な言葉を残されました。

わがいとし子よ

「なんじの近き者を己の如く愛すべし
なんじ心を尽くし、霊を尽くし、意を尽くして主たるなんじの神を愛すべし
あなたたちに遺す私の言葉はこの句をもって始めたい
そして終わりもこの句をもって結ばれるだろう」

また我が子と共に全世界の子ども達（人々）に残された著書『この子を残して』『ロザリオの鎖』『いとし子よ』他は、今も多くの人々に愛され読まれています。

親子三人で暮された如己堂は――朝もやの中に、その小さな家がかすんで見えました。バスガイドさんの話によると公務をリタイヤされて一年前永井隆記念館の館長に就任された長男の誠一氏が、昨日天に召されたとのこと。主にあって尊く重い証しの生涯を送られた方の御許にある平安を一人静かに祈りました。

この年は人気のある総理大臣をめぐって、例年以上に靖国問題に多くの関心が寄せられました。本当に戦争による死者にとって靖国への合祀とは何を意味しているのでありましょうか。年代を同じくする者として深く考えざるを得ないのです。

少年兵として国のために死にゆくことが名誉と教えられて、一貫した戦争目的も国力（財力、物資）の見通しもない戦争に参加させられ、若い命を落とした多くの友。陸軍看護婦生徒として、看護に当たっていた敗戦直後に護送されてきた死寸前の元兵士の悲惨きわまる姿。比較的元気だった現中国戦線から引き揚げてきた人々から聞かされた住民の焼き討ち皆殺し作戦、つらい泥沼の中での行軍、沈みゆく愛馬の涙。誰もが生きたかった。靖国の人柱にはなりたくなかった。兵士たちの証言はすべてそれを物語っていました。

毎年繰り返される靖国の問題は、自らの選んだものではなく国家によって強制された死を意味付けてあげたいと思う家族の情と、それをかつてのように利用されかねない危険を相持っていることは衆知の通りです。

もういい加減に政治家も遺族票に気を遣うことはやめて。「人間は神になれない」。世界の常識を受けとめて、社会のため平和のために礎となった魂に感謝を捧げる〝ところ〟、美しい花園の中の「廟」などがふさわしいのではないかと思うのです。

大切な名前の意味

紅葉の美しい一一月一二日、親の承諾を得て、保育園のホールで幼児祝福式を行ないました。正装姿の牧師のお話も幼い心に響き、ホール正面に飾られた見事な花束は障害者の施設で行ったコンサートの際に贈られたという中嶋保育士からのプレゼントでした。木の十字架のもと、幼い人々、職員共々に深い感動がホールに満ち満ちていました。

牧師が心をこめて一人ひとりの名前を呼んで祈ってくださる。その時あらためて大切なお子さんの誕生を喜ばれた方々が、幸せを願って名付けられたすばらしい名前に家族の愛の深さを思いました。

ひと昔前は子どもも多く、名付けにもあまり神経は使わず、尊敬する身内の名前をもらうことがごく普通でした。あまり良い名をつけると「名負けがする」と言われることもあり、だいたい覚えやすく呼びやすい名前になったものです。

今はだいぶ違ってきました。若い両親のイメージの豊かさと、ＩＴの普及もあって漢字の読みも広く深く引き出され、ルビによらなければ男女の別も読みも判断できない、ステキな名前が多くなりました。

うちの嫁さんはアメリカ人、共働きで二人の子どもを持つとてもかわいい人です。毎月ジャパンタイムズの依頼を受け、日本語の研究を連載しています。

「お母さん、今度の記事『名前』のことについて書いたの、聞いてくれる」

それはまさに負うた子に教えられ（外国人に教えられ）、目が開かれた思いでした。記事の内容は次のような文面でした。（一部ですが）

一年生の長男が学校で初めて習った漢字が「口」であり、「ボクの名前の字だよ」と喜んで帰ってきた。一緒に喜びながら、「口」の意味を話し、続いて名字のもう一字、野口の「野」について興味を示したので、いろいろな例をあげて話をしてあげた。

「野は広いという意味があり、野口は広い世界の入り口にいて遠くまで見ることのできるというステキな字なの。それから野原、野菜――広い畠でとれるよね。野性動物――ライオンとかキリンとか、広いサバンナ大好きね。野球――サッカーも野球も、広いグランドが必要ね。視野――望遠鏡がなくても見える場所。野蛮――たくさんのことをメチャクチャにする。困る言葉もあるけれど、一番いい言葉を好きになってほしいのよ」

文面は研究者対象ですが、「そのきっかけを与えてくれたのは一年生の息子」、彼女はそれを言いたかったのです。

何十年も使っていて、気にもかけずにきた自分の姓名です。三文判が手軽に求められる（近頃は百円ショップ）便利さぐらいしか考えてこなかったことを、大きな落とし物をしてきた気持ちで反省させられました。

大国の石油の利権に翻弄され、家も家族も失い逃げまどう国民の難儀は同情の極みです。一日も早い平和の訪れを祈ると共に、この日本に暮す幸せを噛みしめます。静寂で奥深い文化の中に保たれてきた五〇年以上の平和を保っている国、日本。この国に生を受け愛の中に育てられ、世界でただ一つの「我が子の名前の意味」をぜひ繰り返し伝えてほしいと思うのです。

愛し子の永遠の幸を祈りつつ。

よろこびの日に

結婚式は本当に嬉しいものです。愛し合う二人の人が一体となる。その関係は、親子とはまた異なった一体、遺伝学的にも最も好ましい神様の御計らいでありましょう。しかし、誕生の時からその日まで愛しみ、共に在ることが最も自然だった親にしてみれば、言い知れない淋しさもまた偽りない気持ちです。

小学生、教会の日曜学校時代から親しみ合い、立派に成人された菜穂子さんの結婚式に参加させていただきました。

チャペルで行われた清らかな中にも華やぎのある結婚式、父上母上の喜びと緊張に想いを伏せた姿もいつもながらの光景です。出席の方々と共に心から新郎新婦のお幸せを祈り、また若い花嫁の美しさに見とれつつ、過ぎて行く時を惜しみながら祝宴の席に案内していただきました。新郎新婦の手作りともいえる祝宴の運びも、「共に祝う」心配りが十分になされてすばらしいものでした。

宴は進み、二人それぞれに両親への感謝の言葉が述べられました。新郎はしっかりお礼の言葉を伝えられ、菜穂子さんの番になりました。

「お父さん、お母さん、二五年間お世話になりました。こうして考えてみると我が家は暖かくて、明るくて、楽しいところだったと感じています。私が生まれる前から両親共働きで、私は生まれてすぐから保育園に預けられ、小学校の低学年は学童保育に行っていました。お母さんは働いていて、学校から帰ってきても家にいないことが多かったけれど、私は寂しかったという記憶がありません。今思うとそれはお母さんがいつも明るく笑っていて、一緒にいられなかった時間を吹き飛ばすほどの大きな愛で私達兄弟を包んでいてくれたからだと思います……。

お父さんとお母さんはいつまでも仲良く、何度となく計画倒れになっている、二人きりの海外旅行を近いうちに実現させて下さい。お父さんは、校長先生になった時に私がプレゼントした赤いバンダナを頭に巻いて、大好きな庭いじりもして、たまにはまたキャンプにも行きましょう……。

私はいつまでも、いつも二人のことを思っている娘であることには変わりなく、悟さんと二人で助け合い、我が家のように明るくて、楽しくて、愛にあふれた家庭を築こうと思っているので私達のお手本でいて下さい……」

共働きでいつも多忙な両親に、人生の一番大切な時に何の飾り気もなく真心込めて語られた感謝の言葉でした。人々は涙を浮かべ、あるいは、しんとして聞き入りました。

「人は神から与えられた神の子であり、また教育によって神の子になる」

幼児教育の始祖、フレーベルの言葉です。親も人であり、我が子を愛するがゆえに常に迷いと試練の中に生き、救いを望んで祈る。神は大いなる大いなる御手に、すべてを受けとめて下さり、与えられた賜物（子）を通して愛を現してくださいます。

嫁ぐ子への最大のはなむけは、金品ではなく家族同士の互いの思いやり、尽くし合うことによって培われ、育まれた暖かい「家」であることを、このすばらしい花嫁の言葉を通してしみじみと知ることができました。

三十幾年前、当時話題をよんでいた「星の王子様」にハマッていた私。

「お父さん、もし小さな地球があって、誰もいない何もない、あるものは白い一本のバラの花だけ、そこに二人だけで立っている。それでも幸せ？」

夫「幸せに思うよ」

いまは遠いはるかな国で、一本のバラに水を注ぎながら待っていてくれる人がいる。だから私は今もとっても幸せなのです。

（二〇〇二年）

正月はいいもんだ

クリスマスからお正月、いくつになっても心ときめく日々です。休日が続くゆとりの中で読む聖書（世にも不思議な本）は、湧き出ずる泉のように鮮明で、限りなく深いみ言葉を語りかけてくださいます。行く年来る年、多くの人々の幸を祈りながら、来客のための心配り、掃除も念入りに、敷物、生花、おせち料理の準備の買い出しもまた楽しいものです。

年が明ければ、日頃御無沙汰の親戚一同が集まって、みんなお正月の顔や姿に変身して一年の出来事を面白おかしく語り合い、年配者は繰り返し思い出を懐かしみ、日常の煩雑さからしばし離れてゆったりと時を楽しみます。

「正月はいいもんだ」、古くからの詩の後半は忘れてしまいましたが、今年もしみじみと口ずさみました。

そうして、あっという間に時は流れ、小さい孫達と遊んだ百人一首（ボーズめくり）、福笑い、カルタ等を並べ、未練がましくシュンとしているうちに成人の日が来てしまいました。

テレビでは、参加者の都合で正月休み中に実施したという成人式の変わりようを次々に放映しています。職場からの持ちかえり仕事を片づけているうちに、「さて地元は」と考えると矢も盾もたまらずに成人式の会場へ走りました。

パルテノン多摩に着いたのは一二時四〇分、式を終了した新成人の皆さんがどっと戸外へ繰り出したところでした。幸い好天に恵まれ、女性は華やかな新柄の和服姿、男性は思い思いの服装で歓談したり写真を撮り合ったりしています。戦後しばらくして定着してきた成人式スタイルではあるけれど、日本古来の伝統衣装は本当に美しく、大人への門出にふさわしいものだと思います。

ところで、卒園生は六年生の同窓会以来ほとんど会っていないので見つけるのは至難の業でしたが、幸い近所に住んでいるM君の目に止まり、何人かを紹介してもらいました。心をこめて「おめでとう」の挨拶を繰り返します。聞くところによると、マスコミの情報とは異なり「落ち着いたイイ成人式だった」そうであり、物見高いスポットニュースに洗脳されて若い人々に不信感を抱いてはならないと思いました。

それよりも、何百兆円の国家予算の赤字を手渡すことになる大人の不甲斐なさを考えると申し訳ない気持ちでいっぱいになりました。

家に帰りすぐに、小学校時代からの恩師に電話をしました。年賀状を都合で二年御無沙汰し、今年は先方からもいただかなかったのが気になっていたのです。すぐに電話に出られ、「京子さん（昔のまんま）元気、あなた大病したので心配していたのよ。私はとっても元気、食事は美味しいし、丈夫なうちはじっとしていると老化してしまうから、最近は童謡はやめて民謡を始めたの。週に何回かはボランティアで施設に行って一緒に歌ったり仕事を手伝ったりしてくるのよ」

驚きました。九二歳。小学校二年生からの恩師です。

「そろそろゆっくりしたい」という私の弱音に、

「だめよ、目の前の課題に追われて、趣味でも仕事でもやらなくちゃあ、それが元気で長生きの秘訣よ、でもだんだんみんな（教え子達）が居なくなるのが淋しいわ」

育みし　児らとかたりし　菊日和

河井美代子

一五年前、先生が日野市から表彰を受けられた際、卒業生に贈って下さった一句です。ところで、平和で幸せであるはずの今年のお正月は心から落ち着けませんでした。また戦争が始まり、美しい故郷はにべもなく破壊され、家を親を失い、傷を負わされ、極度の貧しさに体さえ売られる子ども達、その数何十万。我が子を愛さない親はないはずです。

親と子の涙の量だけ、大切な命を売買する者に創造主の罰は容赦なしに下されるでしょう。永遠のいたみとして。

「一羽の雀さえ　主は愛したもう」（レーナ・マリア）

二月、春浅く

一月はゆく、二月はにげる。

まだ相当寒いのに紅白の梅が美しく咲き匂い、春の訪れを知らせます。

所要で出掛けた愛知県の田舎町には、まだまだ手つかずの自然が多く残っています。小さな孫が誘ってくれた「ドングリ広場」には、地面にもぐりそこねたドングリが敷きつめたように落ち、子ども達の相手でくたびれ、半分皮がむけたりして落ち葉と共に季節に身をゆだねています。そのまわりに、春の先がけを告げる犬ふぐり。色鮮やかな赤紫の花。

四歳の孫は小さな小さな株の中から花だけ出して太陽を見つめている日本たんぽぽに名前をつけ出しました。

「これはママたんぽぽ、お兄ちゃんたんぽぽ。ユキちゃんたんぽぽ、これぼく」

夢は広がり、くぬぎの落ち葉も、焼きいもになり、ケーキになる。ぬけるような青空を飛ぶ小型機も絵のように美しくままごとの仲間。

何だか涙が出てきました。

こんな優しい自然が、都会ではコンクリートのビル、マンションに押しつぶされ、やっと隙間に生えても味気ないどう猛な雑草だけ。国籍の分からない生垣の花は丈夫でとてもキレイですが、とても詩心は生まれません。

オランダを旅した時のことを思い出しました。縦横に走る運河が水をたたえている美しい国であり（日本の九州ぐらい）、自然や歴史的な古い建物が大切にされている国でした。住みづらさより景観を重んじ、手入れは十分にしますが、決して形態を変えようとはしません。もちろん電信柱などは見当たらず、新しい住宅であっても美観と安全と健康のために四階止まりであり、どこに行っても美術館・博物館のようです。国民のほとんどがキリスト教徒であるというこの国は、歴史的失態を経験しながらも、過去から未来へ信仰による深い想いが今という時に活かされていることを感じ、羨ましいと思いました。

中高年も健康で長生きになってきました。結構なことですが、終日遊び暮すのではもったいない。働き好きな国民性をボランティアとして活動してもらったらもっと良い国になるだろうと思います。

二月一六日のNHKスペシャル「心をいやす魔法の国、難病の子ども達を救え、アメリカホテル王、ランドワーク氏の事業」を観ました。

広大な土地に夢の国を作り、たくさんのコテージを設けて難病の子とその家族を無料で一週間招待し、楽しい生活を送ってもらうことによって、生きている喜び、親のかけがえのない思い出作りに力を貸しています。暖かいフロリダ州の敷地とメインビルディングはホテル王とまで言われるほどの資産を売却して準備したもの。施設は資力・労力のすべてがボランティアによって運営されています。

命尽きる間際の短い生命の輝き、親兄弟の笑顔、そうして中学生から中高年まで自分の適する仕事、時間をボランティアとして登録して嬉々として奉仕する姿、寄付金も億単位から小額まで大小の星として夜空に輝くようにボードに配されて一切の企業名は入れません。

ボランティアを希望する中学生へランドワーク氏の講話、「その昔、アウシュビッツ収容所で父も母も兄弟も殺され、小さな少年だった自分だけが五年間毎日死を見つめて生きてきた。重い病の子ども達と自分を重ね、『ホテルに泊まってミッキーマウスに会いたい』という、たった一つ最後の希望がかなえられず、ホテルにキャンセルの電話が入った時、私は決心したのです」

目をうるませて聞き入る中学生達の瞳が印象的でした。主婦、リタイヤした人々、社会人の休暇や帰宅後の時間を使って、それぞれの特技を生かす、そのプログラミングもまたボランティアの仕事です。

キリスト教の基盤のない社会の難しさはあると思いますが、営利に走らず純粋に隣人の幸いを祈って、ボランティア精神、地の塩として生きていく心を自らのものとし若い世代に訴えていくことは、主より托された大切な任務だと思います。

「地雷ではなく花を、この国の子等の心をコンクリートで固めず、花を植えよう」

三月、味わいのとき

測候所始まって以来のスピードで桜の花が満開になりました。

今年もまた、たまらないかわいさで日々喜びを与えてくれた子ども達が、

さよなら　ぼくたちのほいくえん
ぼくたちのあそんだ庭
さくらの花びら咲く頃は
ランドセルの一年生

と力強くうたって卒園していきました。嬉しい門出であるはずなのに、一生懸命涙をこらえて。共に暮した愛し子達を送りました。

『今の親達は、子ども達は』と、とかく非難の的になっている今日この頃ですが、保育園で毎年発行する文集に寄稿してくださった一人ひとりの短い文章の中に溢れる子等への祈りと希望、そして愛の深さに、昔も今も変わりない尊さを感じつつ、多くのものを学びました。

「ユニークな人々は神の至芸を実らせるもの。もっと明るく自由に、子育てを楽しみ、さまざまな苦労もあって当然、幸せは艱難辛苦の後に与えられる道理をわきまえて悠然と歩んでいきましょう。」

力強い親心を心から信頼し、幸せを祈りつつ交わり

0歳から育った子どもの卒園式

を続けたいと誓い合いました。

人間大好き、どこかでボタンの掛け違いに気付いたら、根気よくはめなおせばよい。自分自身のハングリー精神だって困ったもの。ちっともエラくなれません。でも少しでもマシになろうといじましい努力は続けていますが、一向に……。「神様また失敗してしまいました。ゴメンなさい」の繰り返しです。時は受難週（イエスさまの十字架刑の前の一週間）、一日一日読む聖書に愛の赦しを知らされます。

本当に偉い人。テレビで春山満代を知りました。筋ジストロフィーの難病でありながら、日夜分かたない痛み苦しみにもめげず、福祉介護機材の会社を興し、さまざまな創意工夫をこらして介護される人、する人が共にできる限り障害を取り除き、幸せに生きていくことを目標に開発を行い、一大企業として発展させて居られることに驚きを感じました。一人の家庭人、父親としての熱い想いも映像を通して語られていました。再放送であり、多くの著書も紹介されていました。

また、雪深い北海道置戸町からの便りが届きました。製材業という町の基幹産業が次々と閉鎖に追い込まれ、最後に残った一社も一時休業が決まったとのこと、その理由は「頼みの北洋材が大量に中国に流れ入手困難となったため」ということです。

雪印の事件で牛乳が、狂牛病の長い間の放置から食肉不況へ。心豊かに暮らせる町興しに懸命に取り組む人々へ追い打ちとなる知らせに心が暗くなりました。

政治家がリベート騒ぎで大切な議会議事を低迷させているうちに、中国に追いぬかれてしまったらどうしよう。日中戦争を忘れようとしているのは加害者日本だけで、理由もなく何十万人もの国民が殺りくされた恨みが骨髄に達しているかの国であり、三蔵法師の説く大襖状の石盤に正確な細字で刻まれた何百枚もの経典が国民と共に生きている悠久を誇る大国なのですから。
その中に何枚かの旧約聖書の石盤があり驚きました。（その理由についてはまだ不勉強のままです）

五月、大空は神の御手の業を示す

尾瀬の花々にあこがれ、今年こそはと早めに計画し、早朝のバスツアーで目的地に向かいました。天気は上々、空には一点の雲もなく花盛りの車窓の風景も抜群でした。

山々に近づくほどに家々の花壇の色も鮮やかさを増し、わずかな気温の変化にも見事に生命を賛美する自然の妙技に想いを深めました。木々によって異なる新緑、その間に実にほどよく色どりをそえる山桜、さつき、つつじ。どんなに熟練した芸術家でも庭師でも、神様の御手に到底及ぶものでなく、造られた者の一人であることの喜びを実感しました。

尾瀬沼はまだ寒く、大清水の水芭蕉の群生地に案内されました。丈も三〇㎝以下、なんとも可憐で美しい。小さくしまった純白な花と緑の株と葉、写すによし描くによし、時間がないのが残念でしたが、ここを訪れる人々がみな優しく見え、誰彼となく話し合ったり写真を撮り合ったりしながら尾瀬の春を楽しみました。

時代の流れの中に身を置き一喜一憂しながらも年齢と共に神様の愛の深さ、日々み言葉の豊かさの中に生かしていただいている幸せを感じています。

天は神の栄光を物語り
大空は御手の業を示す
詩篇一九・二

母の日には、苦労を共にしながら成人となった子ども達四人から思いっきりのプレゼントが届きました。かわいい孫達の声に続いて「オカアサン、ハハノヒオメデトウゴヂャイマス」、楽しい挨拶は長女の夫からでした。牧師夫人でありピアニストでもある超教育ママに育てられ、七歳の時にはカーネギーホールでヴァイオリンを弾いていたという昔天才少年も、今は音楽学校長をリタイヤして演奏活動を楽しみながらゆったりとした生活を送っている、〝アメリカ版〟好々爺です。

美しい花々に囲まれながら四月に召された長年の友、元多摩ニュータウン教会、現在埼玉県東伏見教会の牧者であられた奥村修武牧師を偲びました。慢性腎炎、人工透析の試練の中で三〇年近く二つの教会の牧会に励まれ、先生の重い障害が十字架を負う証として多くの人々をみ許に導かれた使徒としてのご生涯を想う時、今は痛みも苦しみもなく永遠の花園に憩われ、愛する教会、ご家族のために暖かい祈りの人としての永遠の命が全うされていることを信じています。

ロサンゼルスに住む末娘からの電話です。

「お葬式から今帰ったのよ。教会のメンバーなんだけどスッゴイお金持ち、広いお屋敷に奥さんと二人暮しだったの。大きな城のような家で湖つきよ。それでも教会でお別れ礼拝をしただけなの」

「ホントに、大金持ちの信徒ってどんな生活をしているのかしら」イメージはもてません。

「若いときから実業家で、一生のうち、どれだけ教会や学校、病院などに寄付してきたか分からない人なんだって」「スゴイのネー」と言いながらも「ラクダの針の穴」（注）の譬え話しか頭にない自分がいじましく思えてきました。

「たくさん持てば、たくさんの人々を救うこともできるんだ」

もうかなり、いや、絶対に遅すぎました。

「わたしの恵みはあなたに対して十分である」
コリント二　人への第二の手紙一二・九

小さな篭の野の花でさえ満たしてくださる主よ、感謝です。この一日のお導きを。

（注）「財産のある者が神の国に入るのは、なんと難しいことか。金持ちが神の国に入るよりも、らくだが針の穴を通る方がまだ易しい」。これを聞いた人々が、「それでは、だれが救われるのだろうか」と言うと、イエスは、「人間にはできないことも、神にはできる」と言われた。（ルカによる福音書一八・二四―二五）

美しい地球を子ども達に

例年は梅雨の湿気ムンムンの時期なのに、カッと晴れたりしぼんだり、ムラ気な天気に体調も気分もややもすると不安定になりがちです。鉄道の車両事故のニュース速報の多さに身のすくむ思いです。

「病んでいる地球」を憂慮しながらも、この季節にはすべてのいのちも燃える自然にふさわしい天地創造のものがたりを礼拝の中で園児に語り聞かせます。

旧約聖書の記事（みことば）は何千年の歴史を生き続ける人類の尺度ではとうてい測り知ることのできない至宝です。

神は茫茫とした天と地に「光あれ」といわれ、明るい昼と暗いヤミを創造されたと記されています。それは喜びと悲しみ、善と悪、活躍と休息。すべて生きるものの宿命、出会いと別離、そうしてその中に脈打つ創造主の意思と偉大さを感じさせられます。

一言ひとこと、語るものの魂を吸い取るように見つめ、耳を傾ける四、五歳の子ども達、中には集中することが苦手で横を向いてチョッカイを出しながらも、体中で聞きとり、覚えていてくれる不思議な能力を持つ年齢でもあるのです。

『ネットワーク地球村』の高木善之代表と支援グループによる何回目かの講演に参加しました。一日もなおざりにできない、ゴミの問題、ダイオキシン汚染、森林破壊、人口爆発と貧困、核の脅威等々、生物の生存上一日もゆるがせにできない事実。

「二〇年後にはオゾン層の破壊がもっと進み、二〇年後には食糧難が迫り、三〇年後にはこのままでいくと地球上の生命は死滅する」世界各国の広報、大新聞の記事、研究者の必死な叫びに基づいた説話は実に迫力があります。

厚生省と労働省のドッキングに際して感じた不安はまさにてきめんでした。こんな状態になっても何もしない政府、森林破壊、温暖化を加速させている大量でムダな紙の消費。あんなに「O157」に神経を使い、各関係機関からの注意書きを大型ダンボールいっぱい送らせた厚生省も、ゴミの省力化に対して、元凶である製造の分野に枠をはめることは決してなく作り放題です。人命よりも景気（企業の繁栄）がメインなのでしょう。

したがって早い話が、ガンに罹りたくなかったらめいっぱい頭を使って少しでも安全そうな食品を選び、生活のしかたを考えて自分で自分を、家族を、特に子どもを守らなければならない悲しい国です。しかし、本当の先進国の事例に習って努力をしなければならないと思います。（先日ある食事会で、長年大使を務め、現在も要職にある方から聞きました。「日本を含む後進国」が世界の首脳の評価ということです）

もっとガンバラなくては。

子どもの本を通しての平和

撮りためてあったビデオテープをつけっぱなしにして仕事をしているうちに、国際児童図書評議会ニューデリー大会の基調講演者と決まりながらやむなく欠席、テープで参加された美智子妃の再録が流れてきました。「橋をかける」という本も早速出して読みました。クリスチャンホームで育たれた妃が多くの試練の中で幼い時から親しまれた思い出深い数々の本を心の支えとして生きて来られ、その深い意味を子ども達に伝えたいこと、そうして愛唱の詩。人間としての尊敬と親しみの中で紹介します。

牧場　ロバート・フロスト

牧場の泉を掃除しにいってくるよ。
ちょっと落葉をかきのけるだけだ。
（でも水が澄むまで見てるかもしれない）
すぐ帰ってくるんだから――君も来たまへ

子牛をつかまえに行ってくるよ。
母牛のそばに立っているんだがまだ赤ん坊で
母牛が舌でなめるとよろけるんだよ。
すぐ帰ってくるんだから――君も来たまへ

イエス様の故郷は戦いに明け暮れ、教会は焼き討ちに遭い、飢える愛し子たち。神さまのご意志は時にはわからなくなるけれど、「すぐに帰ってくるんだから君もきたまえ」と呼びかけてくださる神さまが、私は一番大好きです。

語り継ぐ戦争への想い

八月一五日の空は抜けるように青い。五七年前の世田谷大蔵の空もこんな青でした。私は当時陸軍省所属の看護学生でしたので、行動は兵士と同じく制約され、許可なく所属の巨大な陸軍病院の敷地から一歩も外へ出ることは出来ませんでした。連日連夜おびやかされていたアメリカ軍の空爆は薄気味悪いようにピタリと止み、その朝何か空恐ろしいような静寂でした。

「直ちに正門前の広場に集合」、兵士、看護婦、学生、歩行可能な患者は全て集合して広場を埋め、あのはっきりしないイントネーションの天皇の放送を聞きました。

そうして大激変の中で戦時体制は民主政治に移行していきました。広島、長崎の悲惨な状況も知ることができずにいたのです。自由を剥奪された中での悲劇は筆舌に尽くせないものがありました。

戦後まもなく導かれて教会に、そうして自分が受けて育った偏向教育のざんきに耐えられず、希望して教会学校の助手になりました。

平和を語り続けて五十幾年、今年も終戦の日を記念して、園児、職員、実習に来ていた小学校の教員、ボランティアの中高生と共に平和を祈る礼拝を守りました。

平和なこの国に今生きている幸せを感謝すると共に、数えきれないほど多くの人々があの戦争、第二次世界大戦で生命を絶ち、心と体に傷を負い、今も苦しんでいます。その歴史を幼い人たちにもわかるように語りました。

☆戦争は国と国とのあらそいでありケンカ。
☆人間と人間が武器を持って殺し合う、そうして相手の力を弱くして負かす。
☆負かした国の、お金、食べ物、宝物、資源（土の中から出る大事なもの、たとえば石油）をとって自分の国に持って来てしまう。
☆負けたら大変だからみんな命がけで戦う。戦いには、あぶない武器という銃や、刀や、いまは爆弾を使うから、たくさんの人がケガをしたり死んだりする。
☆そうして戦争は、町には戦争はんたいの人だって、子どもだって、たくさんいるのに、この多摩ニュータウンのような静かな町も、戦争が始まれば、攻めてくる人たちはみんな壊してみんな追い払ってしまいたいから、保育園だって学校だって、おまつりをやっていたって、結婚式をやっていたって、飛行機から大きな爆弾を落としたり、遠い場所から発射したりして、頭でも手でも足でもふっとんでしまうような大怪我をさせられる。「すいとん」はね、お米を作るお百姓さんやお店の人たちが、戦争に行ってしまって食べるものが少ししかとれなくなり、少ししかないおいもや、粉で作った「すいとん」を分けて食べてがまんしていたの。
☆みんな戦争はきらいですよね。神様は、みんなが仲よく分け合って暮せば幸せになれるようにしてくださっているのに、誰かの心に悪魔が入り、自分の家だけ、自分の国だけ欲張りをしようとすると戦争が始まる。日本は「戦争はしない」という国にきまりがあり戦争しないけれど、いまでも戦争になってしまっている国がたくさんある。「家族もいて、大きなお家もあって、夏休みには海に行けて」、でも今はみんな死んで何もなくなり、ボロにくるまって、砂の上に寝て、楽しかった頃の夢を見るかわいそうな子ども達。食べ物は少ししかもらえず、その上地面には地雷がいっぱい埋めてあるから、うんと気をつけて歩かないと死んでしまう。

「神様の愛がすべてを越えてこの世に実現されますように、平和をください。子ども達を助けてあげてください」、三、四、五歳、四〇人以上の子ども達は、目を見張って話を聞き、共に祈ることができました。

「すいとんのお代わりがあるから、アフガンの子ども達にあげてよね、先生」

セバスチャン・サルガド氏の写真より

清々しい秋、日一日と木々の紅葉が個性豊かないい色に装って生命の熟する時を迎えています。

一〇月のはじめに、ＮＨＫスペシャルでブラジル出身の写真家セバスチャン・サルガドさんと緒方貞子さんの対談を見ました。戦争、貧困などによって故郷を追われた人々を記録し続けてきた作品の数々と生々しい現実、確かに息づいている現代、難民キャンプやスラムの紹介でした。涙なしには見られない映像に心を奪われ、東京渋谷のＢｕｎｋａｍｕｒａザ・ミュージアムに友達を誘うゆとりもなく一人で出掛けました。

展示されているのは九四年から九九年にかけて、約四百ヵ国を回って撮影した写真約三百点。真実そのまま鬼気迫り来るアートは、モノクロームであることがせめてもの救いでした。何万から何十万人という難民の移動が続くその中で、積み重ねられている死体も極当たりまえの出来事としてとらえ、申し訳ないとしか表現できない自分の認識の甘さを恥じ入りました。

現実は世界人口六一億人のうち、一日の生活費一ドル以下は一二億人。さらに富める者二〇%との格差は七〇～八〇倍位といわれています。先進国優先で進められて、毎年スイス国土の四倍の熱帯雨林が破壊され、森林の伐採大農式の耕地整備によって原住民は祖先伝来の生活様式が根こそぎ失われて新たに生きる術を求めて移動を余儀なくされているのです。医療はもちろんのこと、衣食住の保証もなく、人間としての尊厳すら許されない人々。


会場最後のスペースにサルガドさんは愛して止まない子どもたちのポートレートを掲げておられました。一人ひとりの子どもたちが短い一生の中で味わった悲しみや恐怖が写っているにもかかわらず、世界に向かって
「ボクたち、ワタシたちはここにいるんだよ」と主張している気持ちが見る者の心にひしひしと伝わってくるのです。

ビデオルームの字幕の中のサルガドさんの言葉が印象的でした。

「みなさん、私は幾度も九死に一生を得てこの写真を撮り続けてきました。これが現実であるということを知って欲しかったからです。神の意思に背を向けたこの地球上の有り様が環境破壊、公害を生み出し美しい地球の寿命を縮めていこうとしています。この写真をごらんになっても、自分が申し訳ないとか、無力なので、とか思わないでください。あなたの暮しがごく当たり前なのです。それすらできない人々のいることに気付く、それでよいのです」

私は深い深い祈りと受け取りました。

聖誕

街なかの広場に立つと
必ず目に映る荘重な教会
響きわたる鐘の音　賛美のうた声
永遠のオラトリオへ人々は昔も今も
家族そろって楽しげに歩いて行く
西欧のメリークリスマス

私たちは少し賑やかに、新しい教会の
前に立ち、喜び溢れて
街中に向かって叫びます。「救い主」
イエスさまがお生まれになりました
クリスマスですよーと

いろいろあっても「世のため、他人のために生きなさい」と祖先はマジメに教え続けてくれた。

航空写真を見ると山ばかり、その中にある僅かな平地で一億三千万人　押し合いへし合いしながらも　大した争いもせず　じっとガマンし、肩寄せ合って生きてきた。

住んでいる家は小さくても、衣食は足りて　ほぼ健康で、見たいもの　聞きたいものも思いど
おりになり、結構行きたいところへも行ける

神さまが　この国を愛して下さっていることがよくわかる。

遠い異国の争いに心傷めても
海があるからすぐにすっとんでも行けず。
たいてい薄いサイフの中から
幸いを祈りつつ
献金を献げます。

こんなことしかできないけれど
道は右側をきちんとあるいています。
障がいをもつきょうだいには心をこめてあいさつし、
やっと歩いておられるお年寄りには
「長いこと働いてくださってありがとう」と後ろ姿に礼を言い、
金髪の山火事へアーには
「シッカリしろよ、日本をもやしてしまうなよ、頭も使わないと　そのうち食えなくなるぞ」
と励まし、

（もちろんオッカナイから目と心で）

こんな私にも
イエスさまは今年も新しい生命をくださいました。

「すべての人を照らすまことの光があって、世にきた」
ヨハネ一—九

人間は永遠の同伴者を必要なことをイエスさまは知っておられた。
自分の悲しみや苦しみを分かち合い
共に涙を流してくれる、母のような同伴者を必要としていることを
遠藤周作

日本キリスト教団　永山教会

（二〇〇三年）

お正月

「今年は全員で集まってクリスマス、お正月をしよう」

みんなの思いが一つになり、ニューヨーク、ロサンゼルス、名古屋、そして地元の多摩、五世帯それぞれが楽しみに日数を数えながら時を待ち、私の家に集合しました。二四日、二五日のクリスマス、一月の元旦礼拝に出席。懐かしい方々との出会いもうれしく、一同感謝のうちに新年を迎えることができました。

孫達は五歳から高校生、成人と年齢幅はありますが、親子共仲良しなのでどちらを向いても楽しいことばかりですが、海外組は切羽詰まった発言をします。アメリカではイラク攻撃の準備が着々と進められ、予備役軍人（普段はそ知らぬ顔で市井の職業についている人々）が突然姿を消してしまいます。今はそういったことがいっせいに行われ戦闘体制に入っている「ヨハネ黙示録の世界」と、ベトナム戦争の体験者など出撃のすさまじさを知っている人々は騒然としているとの話です。「イージス艦が出発していて、日本はアメリカの仲間だと思われているのに、日本は平和でいいネ」

北朝鮮の核問題、数え上げたらきりはなく、そうこうしているうちに二〇〇三年のカウントダウンとなり、とにかく平和で健康、ほどほどにすべての物に満たされた生活に感謝し、人間の思いに勝る平和の主の御支配を祈りながらお正月を祝いました。

四〇年前に父を失い、保育園の経営という決して片手間ではできない母親の仕事を理解しつつ、優しくがんばりやの長兄を目標に自立してお互いに助け合い、よき伴侶ともめぐり合って父となり母となった人達一四名が同じ屋根の下に勢揃いとなったのです。

四人の学資も市の福祉資金を借りまくり返しまくり、全員卒業という遠くて長いあの日々の間は外食も家族旅行も一度も経験したことはありませんでした。

「こんなこと初めてなので、温泉でも行ってみたいな」

親のつぶやきはすぐに現実になり、次女の夫が若さと人脈とハイテクを駆使して、さほど遠くない山梨県の石和温泉をやっとのことで探し当ててくれました。

その上世界各国のヂヂババ両親の血を引いて、全員ユニークな孫達が満足できるような楽しい施設も調べ上げ、車の手配まですべて完璧なプランを立て案内役を努めてくれました（美術館名所、寒中のイチゴ狩りなど）。

古い純日本風のホテル、お風呂よし食事も美味しく大いにはしゃぎ廻り、全員お揃いのユカタ姿でたくさんの写真を撮り精一杯楽しみました。小さい子を寝かしつけてからボーリング、カラオケとみんな出掛けましたが、私はお客疲れで早々と床に入り休みました。

気が付くと夢の世界に居ました。懐かしい両親たち、夫までが重なるように淡く自然に姿を見せ、幻の中に遠のいていきました。

次の日のこと、早朝（いつもはまだ夜中なのに）寝ていられずお風呂や散歩に出る人、また何でも好きなものが選べるバイキング朝食も若者には大うけでした。

一〇時のチェックアウト前に集まってもらって、この度の感想を伝えようと緊張して部屋で待っていると突然ハミングが……見事な花束をかかえた大きい孫が現れて全く予想もしなかった一瞬、全員の拍手に包まれました。

「おばあちゃんありがとう、これからも元気でネ」

あまりの感動に言葉を失うほどでした。

「今日はありがとう、本当に本当に嬉しいです。神様とみんなに守られ、いま少しだけ保育園の仕事を楽しませてもらい、あとはゆっくり何かをします」

話によると次女の夫が早朝から温泉街の花屋を尋ねて廻り、何時間もかけて花束を作ってもらったとのこと、アメリカ人の孫たちが苦心惨憺して日本語で色紙をしたためてくれたこと。

こうしてお正月さんは多くの喜びと感動を残して行ってしまい、一人ボッチになってしまいました。静かになって安心した二匹のネコがやたら甘えるようになりました。

未熟で固くサラダに入れられなかったアボカドが頃合いに熟れて目の前にあります。「お正月さんは行ってしまったのに」……

何か淋しく、妙な形の果実につぶやいてみました。

春が来たのに

団地の春、去年と同じ地面に同じくかわいい、いぬふぐりが咲き、「土地がやせているからショーガナイヨ」と言いたげに昔は荷造り紐ぐらい太かった「野びる」がそれでも義理難く糸のように細い葉を寄せ合ってのびてきています。

寒椿は、御用済みの赤い花をしおれさせて落とし、代わりにふっくらと蕾をふくらませた乙女椿がその名のように優しく開花をはじめました。

世が世ならば幾つになっても心踊る春なのに、世界中の人々が祈りに祈っている中であってはならない戦争が始まり、テレビを通して爆弾の炸裂音が胸の中に飛び込んできます。今日も多くの人が死に、平穏な生活が破壊されているのです。情報統制された画面には泣き叫ぶ親子や家畜、怪我にうめき苦しむ人々の姿は出てきません。人気のないモノトーンの熱砂を行く装甲車ばかりです。

テロに何度も遭遇されたという、二〇年もアフリカのケニヤで大使を務められた方が語っておられた話を思い出しました。

「死は、殺されるということは決して簡単なことではない。一ペンに人間は死なない、断末魔の苦しみは映像には決して入れない。外国の報道陣を絶対に受け入れない小国はたくさんあり、何が行われているか分からないし、真相はつかめない」

それらのことを思いつつニュースを見ながら考えます。戦争を早く中止しないと地球は毀れてしまいます。

やたらに超高層オフィスのビルの建設が進む都心地、今年度中に地上一〇〇mから一五〇mの二八塔、いやそれ以上のノッポビルが出現するといいます。その重量に地表は耐えられるのでしょうか。「地震」「地盤沈下」戦争と平和、経済政策の犠牲になり、いじめ続けられるかけがえのない緑の地球。一人ひとりが考えましょう。今の時代に命が与えられている者の責任として。

森のニングルが消えた星

倉本　聰

森の先住の民　ニングルを知っていますか。
平均寿命二百七十年、体長およそ十五㎝ともいわれる伝説の民。
森の育つ時間に合わせ、自然とともにゆっくり生きていたという。
地球上の様々な命を生み出し育んできた森。
水や酸素をすべての生き物に与えてくれる。
かけがえのない森。その地球の心臓ともいえる原生林は、
この百年で半分にまで減った。
——そしてニングルは私たちの前から姿を消していった。
森に生きるたくさんの生き物たちとともに姿を消していった。
私たちの無言の問いかけを残して。
　森ノアル星ガ他ニアリマスカ。

水ノアル星ガ他ニアリマスカ。
空気ノアル星ガアリマスカ。

出会いと別離、新たな希望

春、三月から四月にかけて、さまざまな出会いと別離、悲喜こもごもの節目を迎える日々は、世界でも数少ない日本の慣わしのようですが、自然の移り変わりがはっきりと目に見え、農作業の目安ともなる古来からの暮し方に関係があるのかも知れません。

今年の天候は植物に幸いをもたらし、花木も新緑も本当に美しい。もう梅もたくさんの幼い果実をつけています。平和であればあるほど心痛むのはイエスさまの故郷イスラエル、パレスチナの戦火。生死をさまよう多くの「主の民」の痛々しさ。特に野の花の美しい彼の地に平和がもたらされるように祈らずには居られません。

「老人にはやさしく（とても感謝）子どもには厳しい政策」、「方針に対する実践の対策も将来への見通しも不確定のままに発足した公立校の週休二日である」という論評が各誌面を賑わしています。心配されている基礎学力の低下と、人間の心を育て生活を豊かにする文化、芸術等に関わる時間の極端な削減、それでなくてもどんどん風潮も低俗化し、本能のなすがままにアジアの児童虐待に走り世界のひんしゅくを買っている人々も多いと聞きます。幼い時から親がしっかりと子どもの心身を守り育てつつ社会に訴え、政治を改善していくしかないと思います。

子育て支援、保育所の充実、イコール長時間保育、夜八時まで、一〇時までの公約を掲げる各政党、一人親で四人の子育てを行い、保育園の仕事と教会の奉仕が生活時間を大幅に占め、子どもは十分にみてやれませんでした。

——神様、時間とお金とどちらかを下さい。でも、やっぱり時間を下さい。

——子どもの寝顔を見て切ない気持ちで祈ったことも、今は遠い思い出となりました。

——目を見て話す——近頃「目を合わせて」が流行語のようになっていることに逆説も感じます。心と心が通い合っていれば自然に相手を見つめるようになることでしょう。家にいる二匹の猫はいつもそばに来て、もの言いたげにじっと見つめてくれるのですが、本当にかわいい、と思うようになってからそうなったような気がします。

「オウチニカエリタイ、ママガイイ、パパガイイ」

ヨーロッパの国々、アメリカだって子どもの発達に欠かすことのできない親と子の生活時間を重視して国家の方針を策定しています。（実施は自治体＝ワーク・シェアリング）

『平和で争いのない世界の実現のために』日本画家・平山郁夫、美知子氏の『信徒の友』三月号の味わい深い記事を何回も読みました。必ずといってよいほど平山画伯の絵画展には行き、すばらしい作品に感動していますが、その奥底にあるものを深く知ることができて嬉しく思いました。郁夫氏の言葉の一節、「こうしてみると、いろいろな組織、あるいは個人においても、自分を忘れずに、広く学んでいくことによって、普遍性が生まれ自分もしっかりしてくる。国家で言えば、自分たちの文化のアイデンティティーを軸として持ちながら、異文化に接するということです。優れた文化を、自分を失わないで取り入れることによって、さらに豊かに大きくなってくる。

自分というものを忘れて、単にそれがいいから、というだけで中身をすりかえてしまうなら、模倣（コピー）はできても、オリジナリティーは生まれない。われわれ芸術の世界においては、特にそうです。国際的には、日本という価値観をしっかり持ちながら、広く世界の流れや文明の多様さをしっかりと学び、そして普遍的な、どこにおいても通じるようなものを創造していくということが求められると思います。」含蓄に富んだ言葉であると思います

七月に想う

いつ終わるか見当もつかない梅雨空、思わずぼやきたくなる日々ですが、目を転ずれば、九州地方の集中豪雨による大災害、土砂崩れや家の流出で死者や行くえ不明者も数多くおられるのです。せっかく平和な時代なのに、夏休み前に大変な苦しみに会われた方々に一日も早い再起への力が与えられるように祈り続ける毎日となりました。

テレビのニュース番組のスイッチを入れれば国内外のつらい悲しいことばかり。イラクの戦後処理もままならぬうちに、ボスニアの内線による一般市民の悲惨な映像が映し出され、北朝鮮の数知れぬほどの餓死者の報告には「驚き」では済まされない人間としての義憤を感じます。しかし神様

はすべて愛の中に選択し、歩んで行くこともゆるしてくださることを信じます。

七月にふさわしい聖句　詩篇一九編

天は神の栄光を物語
大空は御手の業を示す
昼に語り伝え
夜は夜に知識を送る
話すことも、語ることもなく
声は聞こえなくても
その響きは全地に
その言葉は世界の果てに向かう。

神は全世界を、そして我が祖国、この国を祈りをもって限りなく愛してくださった人々のことを思い起こしてみたいと思います。

○フランシスコ・ザビエル（一五四九年）
日本に最初にキリスト教を伝えてくれた人です。
「日本人は欲に浅く、盗みを憎み、信仰心は厚い、金銭より名誉節度を好み、高貴で単純である」
親友だった織田信長の人物評も含まれていると思うと微笑ましく感じます。信仰までには至らなかったと思いますが、思想、ファッション、築城などに多くの影響を受けたということです。

○ヴール・ガンドー神父（一九二五年に二八歳で来日）

神父、神学者、哲学者であり、伝道生活を通して戦後の混乱期に日本人の生き方に生命を示し続け、

「日本人のすばらしい伝統と感性のすべてを否定して一から出なおすなどと考えてはいけない。古来からの日本の精神に必要な新しい考え方を補足し、個人の尊厳を重んじつつ大事に生きて行くべきである」

この諭しがどれだけ神父と出会った人々に希望と勇気を与えたか。

二人の人は共にオランダに隣接する「バスク」という国で生まれ育ちました。歴史的に宣教と牧畜と海運を国の方針とし、人々は信仰に基づき平和を愛し、昔からの伝統的な生き方をあえて変えようとせずに誇りを持って守ってきました。広々とした牧場用の草原も共有地であり、ゆったりと穏やかに日々の暮しを営んでいます。

「長い間には試練もあり、バブル期には商人が札束を積んで『土地を売れ』と迫ったが誰もサインをしなかった」と誇らしげに言ったということです。

平和的にスペインから独立したこの国の、いま国をあげての目標は、歴史の中で試練に遭い失ってしまった民族の言葉「バスク語」を復活させ、アイデンティティーの確証として根付かせていくことが「国家の大事業です」と大統領は力強く述べていました。

ハコ物をたくさん造って赤字を生産するのではなく、国民の心を信仰と信頼で結ぶ国語を復活させることを大事業に掲げている国もあるのです。

「男は力強くたくましく」の象徴として、祭りの呼びものは六〇×四〇ぐらいの丸太を四本、マサカリで割っていく競技で汗みどろになって割り抜き一番になった男性には惜しみない拍手とキスの嵐が贈られていました。

フランシスコ・ザビエルの幼い頃住んでいた城も残されていました。

自然の限りなく美しい国バスク、キリストの愛を世界に届けることが使命であるとして、祈りの中に静かで平和な生活を営むザビエルの故郷。

もし、土地が日本のように投機の対象になったとしたら、自然も人心も社会全体が荒廃し、
バスク国は一ペンにふっとんでしまうだろう

司馬遼太郎

ちなみに世界の文明国の中で土地が投機の対象として売り買いされているのは『日本』だけ。働き過ぎも、心を富ます時間も質のよい遊びに費やす時間も、親を恋しがる子と過ごす時間がないのも『日本』だけか。家代と土地代に収入の半分以上が取られていってしまうのですから。

オランダも土地は共有財産であり、人間の住む家は健康上害があるので四階止まりと言っていました。みんな人間の成せる業、みこころを求めつつ新しい希望に向かい失望せずに進みましょう。

夏の終わりに

八月に入ってまでも長梅雨、長雨にプール開きをしたものの、かわいい水着はいつまでたっても廊下のフックで待ちぼうけ、「早く夏の太陽さんは来ないかな」、その続きのまんま夏期保育に入りました。園児も何日かのお休みを家族と共に過ごし、各年齢が成長に合わせて無理のない合同保育、夏のお楽しみ期間に入るので、日頃気持ちをゆるめることのできない保育園の職員達も、交代で研修に参加したり何日かの休暇をとったり、リフレッシュができるうれしい日々が続きます。

私も、毎日増え続ける書籍、「これは大事」と取っておく記事のスクラップも山積み、かなり大げさに言うならば地震と命の引替えというほどにたまりにたまった紙の山を整理することを決め、妹に手伝ってもらいながら大変な仕事に手をつけました。

しかし思うようにはかどらないことおびただしい。お父さんのびっしり書き込みの入った二冊の聖書は宝だし、子どもにとっては父の遺品、ゆかたも説教の原稿も「みんなとっておいて」とくる。「もう四〇年もたったのだから」と、しばらく眺めていた夫に入院中に寄せられた多くの方々からの祈りと励ましの手紙、教会学校、小・中学生からの思いをこめた優しい便りの数々。

ゆりのき保育園の創立のために神様が蒔いてくださった一粒ひとつぶの種であることを思いなおし、また新しいダンボール箱に入れ替えて保存することに決めました。家屋の狭さと貧しさと燃えやすい素材の生活空間が、何百年の家系に名を記して生きる精神大国アジアの隣国に比べ諦めやすく、忘れっぽい国民性を身につけてしまったのではないか。ふとそのような思いが胸をよぎりました。

さまざまな出会いもありました。

胃の疾患と診断され通院中に誤診であることが発覚、それも治りづらいと言われている膵臓ガンでした。四歳の時に前任地の保育園に入園、教会学校も大好きで牧師の話に瞳を輝かす子どもでした。高校、大学も障害福祉のために使命感を燃やし、最愛の妻啓子さんと八王子市に住み、地域の障害をもつ子と親のよきアドバイザーとして信頼され、祈りの中に進められて来て結実間近いデイケアーの事業直前に享年五一で天に召されました。

「突然お会いしたくなって、ここの卒園児でもないのに俊二さんが一番好きだったゆりのきに来て、先生はじめみなさんに逢うことが墓参以上になると思って」

啓子さんは涙が止まらず、

「俊二さんが早く連れに来てくれないかしらとつい考えてしまいます」

神様は酷いと思いながらも、

「イエスさまのお考えを先取りしないで。み心を信じてお互いにゆっくり歩んで行きましょう。用意されている大切なものを見失わないようにしようね」

小雨降る八月一七日の礼拝、天候の心配をよそに集まった真っ白いユニフォームを着た少年野球部ペガサスの団員と共に守ることができました。私もいまは戦争の数少なくなった「かたりべ」の一人。一生懸命「平和と愛」をあの時の現状をふまえて語りました。団員たちはしっかり聴いてくれ感謝でした。いつも必ず世話人として参加される淵野絢太君のお母さま。

「一年生になり、ペガサスに入れて本当によかったです。未熟児で小さかった絢ちゃんは、たくさんの方達にいっぱい抱いてもらって大きくなりました。元気で素直な先輩とすばらしい指導者に恵まれイエス様に守られて、きっと心も体も大きくなるでしょう」

絢太君は春に交通事故で大怪我をした北村開君が心配で心配で、

「ボクいっぱいお祈りしているんだよ」

開君はみんなのお祈りが聴かれて、「奇跡」の回復が与えられ、練習に出られるほどになりました。ご家族からも「一生忘れられない尊い体験」との喜びが寄せられています。

この夏は多くの戦争体験が語られ、戦争の罪禍が映像を通して、ひとしおリアルに迫ってきました。盲目の男性歌手の熱唱『さとうきびばたけのうた』もしみじみと聞く人の心を打ちました。

フルダ・マージョリ恵みの生涯

「フルダ・マージョリ・ウエスト」は私の長女（和枝）の姑であり、神と人とに捧げつくした偉大な母の生涯に深い感動を覚え、筆をとりました。

彼女は事業家の父チャールズと母メアリーとの間に一九〇九年にフランクリンNYで生まれ、数年後にフルダの家庭はハーレムに転居しました。彼女はハーレムの音楽学校へ入学、ピアノを学習しました。フルダの才能は非凡であり、音楽学校から卒業に際してピアノのインストラクターとしての地位を提示されました。彼女は大きな名誉と感じそれを受理し教育に専念しましたが、数年後には夢を実現しウエスト音楽学校を創立しました。さらに彼女は教育の技にも秀で、毎年州のピアノコンクールに三〇名もの生徒を演奏させて非常に高く評価され、ピアノ教師の全国ギルド及びナショナルエデュケーション連盟のメンバーになることを依頼されました。

フルダは、さらにキリスト教の熱心な信者であり、尊敬する祖母から、キリスト教への固い信頼、情緒的な健全さと英知、愛の深さを学び、キリストと共にある九四年の生活を築くかけがえのない原動力となりました。

牧師の妻として

一九三二年六月に牧師と結婚し、献身的な妻として夫の不可欠なパートナーとなりました。このクリスチャン家族に四人の子どもが与えられ、夫の創立した教会への献身、家族への配慮、音楽への専念、すべて全力で当たり優れた働きをしました。

一九五七年六月、夫の他界後、フルダは出生地バージン諸島へ転居、そこでさらに教会のオルガン奏者として奉仕し、ピアノを教え続けるかたわら、病人や老人ホームの訪問を日課として、老人達と共に祈り賛美歌を弾き、美しい声で歌い愛と喜びを伝え続けました。

四人の子ども達はそれぞれ芸術家として活躍し、長男のポール・ジュニアは七歳にしてバイオリニストとしてカーネギーホールで演奏し喝采を浴びました。成長して音楽家として大活躍するかたわら、ニューヨーク市内にある音楽学校のディレクターとして長年務め一年前にリタイヤ、今は世界各国へ呼ばれ楽しみながら演奏活動を行っています。

神のみもとへ

自立心が旺盛なフルダは長男夫婦の近くのマンションに住み、子ども達の部分介助を嫌々ながら受けて生活していましたが、加齢による痴呆は避け難く、美しくおしゃれでもある彼女は一日に何回も盛装して「教会に行く」と電話をするようになりました。昨年の秋、肉体の衰えも感じてきたのか、老人ホームへ素直に入園し静かな日々を過ごしていました。

二〇〇三年四月六日は彼女にとっては最高の喜ばしい日になりました。

次男の娘であり最愛の孫が亡き夫の建てた思い出深い教会で日曜の説教をすることになり、血縁の人々が全員礼拝に出席し、その後美しい花々をたずさえて病床を訪問したのです。一人ひとりに抱かれてフルダの表情は喜びに満ち溢れていました。

その夜娘夫婦が訪問し讃美歌を歌い、夫ポールが母の最も好きな聖句詩篇二三編を読むと、喜びの表情を現しつつ力強く唱和し、翌朝静かに召されていきました。大好きなチューリップ、バラの花園の中で。

第四章　海外研修

「世界に向かって幅広く見聞を広めたい」、島国であるがゆえに情報も限られ、狭く深くなりがちな思考にあき足らず、多少大げさかもしれませんが、「行ってみて知りたい」欲望から十ヵ国ほどの国々を選んで、主に社会福祉関係のツアーに参加し多くのものを学びました。

一歩出れば世界の主要国はすべてキリスト教を国教とする国々ですから、感動も大きく貴重な文化財を後世までも守り抜き、肌で感じさせようとする歴史観に頭が下がりました。

世界遺産の多い地域は特別の国民的合意による条例によって守り続けることが課題となってりますが一般の生活は地味であり、子ども、老人、障害をもつ人々が守られ、「幸せに暮せる条件」に向かってたゆまぬ努力がなされていることが極めて短期間の参加者にも、十分理解できました。

その中から三ヵ国の研修報告を選んで紹介させていただきました。

福祉の国スウェーデンへ視察研修に参加して（一九九三年）

書物で読み、幾度か講演で話には聞いていた福祉大国スウェーデン。海の向こうの「夢」の国という先入観を持ちながらも、一度は是非行ってみたいと常々考えていました。福祉関係の研修ツアーは幾度かありましたが、その都度様々な事情で参加できず、しかし、いつかはの「希望」は捨てきれずにいました。

昨年の一一月末から一二月の初めにかけての一〇日間、全国私立保育園連盟で計画されたスウェーデン保育視察研修は時期的にもまさにチャンスで、〝英語またはスウェーデン語に堪能な方〟という条件に臆しながらも、「見ればわかるだろう」と心臓強く参加させてもらいました。一行は北海道から沖縄まで、全国から集まった参加者に事務局の責任者を含めた総勢一九名。園長、保母、栄養士、指導員と年齢から職種まで様々で、うち男性三名、女性一六名のバラエティに富んだメンバーでした。

結団式を行った後、一一月二一日、午前一一時一〇分にロンドン経由で目的地に向かう飛行機に搭乗しました。瞬時に日本の上空を過ぎ、無限に広がるシベリア大陸の白い氷原に地球の壮大さを感じました。時差の関係で同日の二〇時五五分に目的地ストックホルムに着きました。

一面に降りしきる粉雪、気温マイナス八度、北欧はもはや真冬でした。その夜はホテルで休み、翌日からレクチャー、保育園実習、多少のフリータイムはあるにせよ、ビッシリと計画された研修スケジュールが待ち構えていました。

市内見学

第一日目は、スウェーデンを知るためにストックホルムの市内見学が予定されていました。今回の研修では観光バスは使わず、地下鉄、バスを使って自分の足でこなしていくことになっているので、日本人のガイドさんから、回数券の買い方を含め交通機関の利用の仕方まで、詳しく説明を受けながら市内の要所を案内してもらいました。

市庁舎

メーラリン湖のほとり、お城のように美しい市庁舎は一五二三年に建築され、四百年後に戦争のため破壊されて、再建以降七〇年を経ているということでした。何と言っても有名なのは、ノーベル賞授与式が毎年一二月一〇日に行われることです。そのまま芸術の殿堂である市庁舎内部の荘厳さ、美しさに圧倒されながら、ノーベル賞の由来、歴史的建造物の作者、イニシアチブをとった王侯達について詳しく説明を受けました。

特に、アルフレット・ノーベルについては、不幸な生い立ちで一生涯独身で研究に打ち込み、実験中の事故で最愛の弟を失ってしまいました。その悲しみが忘れられず、莫大な財産を平和のために寄贈することを決心したということです。

労働者の苦役を少しでも軽くするために、岩盤やコンクリートを破壊する目的で発明したダイナマイトが、いま何のために使われているか、受賞者が必ずくぐるというノーベルの像を掲げた鴨居の下を、数え切れない人々が同じ嘆きを抱いて通り過ぎていったことでしょう。私達もその一人でした。

旧市街・王宮

どこの国でも、古いものを民族の宝として大切にしています。何百年も経った石造りの建物は、今も十分に手入れがゆきとどいて健在し、その建物の外装は変えずに内部を手入れして住むのが最高の贅沢なのだそうです。その建物の一角に千年から八百年前（キリスト教伝来以前）のバイキング時代のルーム文字のパネルがありました。海賊の父が、家で待つ息子に宛てた愛の書簡だそうです。

石造りの王宮は六百室もあり、現在はその一部が王の執務室にのみ使われているとのこと、概観は普通のビルのようですが、内部は実に素晴らしいとのことです。

レクチャー〜社会福祉庁にて〜

スウェーデンのコミューンについて

スウェーデンには、一二三二のコミューンがあり、五七種族、まさに世界中の種族が集まって共に生活している国で、国土の広さは四二万平方キロメートル（日本の一・二倍）、人口は八五九万人（大阪府と同じくらい）、主な産業は機械工業と林業、農業ということです。

本当に「ゆっくり暮らせる国」だと思いました。そのうえ、地下の鉱脈等、資源は無尽蔵とのことでした。世知辛い祖国日本とはだいぶ違います。でも、二年前から不景気でこれからが心配という声も聞きました。

英語と日本語のテキストが渡され、スウェーデンの社会福祉、教育などの概要説明を受け、翌日はまた朝早く出かけて、私達一行を受け入れてくださる七つの施設のあるヤルフェーラ市に行き、福祉庁で再び市の行政、福祉と教育への取り組みについて、午前中いっぱい説明を受けました。その場には、一行を受け入れてくださる園の園長さんが同席されていました。

児童福祉一般について

スウェーデンの人口は八五九万人。日本との比率は、スウェーデンの四分の三の面積に一億三千万人が住んでいるのです。殺人的なラッシュアワーが頭をよぎりました。〇歳から六歳までの幼児人口は七六万二千人、その四九％の三七万三千人が在園児数ということでした。

教育プログラムの柱は国で定め、各地の園で実践に移す。六歳までは全児童を国の責任で教育（保育）し、入学してからも共働きの家庭の子どもは、親の要望に応じ、始業前および放課後あずかっている園もあるとのこと。行政機構（国家、各コミューン担当）は細部にわたってゆきとどき、出生後一六歳まで支給される年九百クローネ（一クローネは二〇円）の児童手当、出産後一年半の子育て休暇（給料の九〇％支給）が実施されています。

育児休暇は両親のどちらがとってもよく、また、前述の児童手当制度も多岐にわたり、保育制度も日本の幼稚園タイプから、朝六時半から夕方六時半まであずかる保育園、両親も一緒にミーティングを受けるオープンプレイスクール（主に移民、難民の家族対象）、あずける時間が自由な家庭保育、放課後保育など、七つ以上のバリエーションのある保育が行われているのです。住民本位の保育制度が実施された結果、出生率も二・一％と増加してきています。

福祉政策向上の決め手

一九三〇年頃大冷害が襲い、生活しやすいアメリカ大陸などへの大挙移民が続きました。テレビドラマ『大草原の小さな家』『インガルス家』もそのモデルです。

人口の激減に頭を悩ましたスウェーデン政府は、ノーベル賞受賞の経済学者グンナール・ミルダールを中心に人口問題調査会を発足させ、女性と子どもの権利、健やかに子どもを産み・育てる政策について協議を重ね、実行しました。

あの地形にありながら第二次世界大戦にも参加せず、その代償として平和維持、つまり国内が戦場にならないために大金を使いましたが、それでも各国の戦後処理の経費とは比較にならず、そのお金は防衛、高福祉政策に向けられたとのことです。

また、戦渦に悩む国々や発展途上国、災害援助などを積極的に行ってきたことは私達の記憶に新しく、その筋道がよくわかりました。

男女平等、そして人間に優しい国

繰り返しますが、国土の広さは日本の一・二倍、人口は一五分の一、当然婦人労働に期待するものは大きく、男女同数の人々が社会の中核で働いています。国会議員は男性三分の二、女性三分の一、ストックホルム市議会議員はほぼ男女同数。これなら生活に密着した政治が実施できるはずだと思いました。給料も、育児休暇も平等にとれるようになっています。

一方、スウェーデンの高福祉政策は、婦人の社会参加という重要課題を踏まえ、かけがえのない要員として働くためには、子どもも老人も障がいを持つ人も、社会の手厚い援助が不可欠であるという社会的な理由と、信仰のシンボルともいえる、セン塔のそびえる美しい教会の数々に見られるキリスト教の信仰と愛の土壌から生み出された「人間に優しい国」であることが十分納得できました。

保育事情

教育の基本方針は国で定め、それに従って各コミューンの園で様々な工夫を凝らした保育を行なっているのです。スウェーデンには多様な幼児教育の制度があり、両親が利用しやすくなっています。

*幼稚園（日本とほとんど同じ）
*就園していない子の六歳児トレーニング学校
*保育園（朝六時三〇分から夕方六時まで）
*家庭保育園（就園していない子の希望時間保育）
*園児と学童の放課後保育
*ホームステイケアー（就園児も未就園児も母子共に面倒をみる）

などがあります。

教育方針は、「子どもが社会を発見し、社会へのオリエンテーションができるように、意志、創造力を発展させていけるようにする。また、自分が誰であるかを発見し、デモクラシーを身につけさせる」とあります。

保育料は、利用時間と保育の形態によって違い、各コミューンによって多少の差はありますが、研修を受けたヤルフェーラ市では収入に関係なく、年齢と保育時間の長さによって決められています。低所得者は別で、週三五時間から四〇時間で、一人一八百クローネと自己負担は決して少なくありません。

施設は「家庭の雰囲気」が基本で、部屋数の多い広々とした環境で、保育者数は各年齢とも大体三人に一人です。

母国語教育

スウェーデンは移民が多く、五七種族が共同生活を営んでいる国です。入国してくる人々は全て難民とは言わず、人間としての尊厳を重んじて移民と称しているのです。

当然、子どもも多国籍で生活様式も異なります。その子ども達には、子どもの権利に則し、自分のルーツを知り自国の文化に誇りを持って成長していくために、各施設で「母国語教育」を行っています。これは国の教育方針で定められていて、母国語が基本にあってスウェーデン語をマスターすることが、ノーマルな人間形成上不可欠という考え方からでした。何の勉強もせず、入園してきた外国籍の子どもが、日本語を覚えたことに拍手を送ってきたことを省み、参加者一同赤面の至りでした。

障害者福祉

この二〇年に目覚しい進歩を遂げ、援助を必要とするハンディキャップをケースバイケースで判断し対応しています。

車椅子でも普通に街中を歩き、乗り物を利用してどこへでも行け、様々な文化施設も共有できるところまで進歩していました。電車、バス、タクシーもちゃんと車椅子で乗れる工夫が施してあり、どうしても構造上無理な場所は、いつでもそこにいる人の手が自然にその場を助けます。

日用品の展示場に行ってみましたが、子どもから成人まで、個々のハンディキャップに合わせられて作られた何種類もの車椅子から、食事用器具、台所の設備、トイレ、風呂、事務用品、婦人用品まで、溜息が出るほど研究されつくした品々でした。「ハンディキャップを感じずに快適な生活をする権利を保障するのが健常者の義務です」。展示場の係員の説明を聞きながら、「愛がなくては、愛がなくては」と心の中でつぶやいていました。

子どもの教育もグループ別ケアーが取り入れられ、身体、精神、耳と口、アレルギー、ぜんそく、家族間の問題（心の傷）に分けて研究が進められ、手厚いケアーがなされているとの話を聞きましたが、時間の関係でその現場は見学ができず、心残りでした。

施設見学実習

ヤルフェーラ市の保育園
―ニューベリー・スツウガンにて

教えられたとおり、地下鉄駅から郊外電車に乗り継ぎ、ヤコブスヤードの保育園へ行き、三日間の見学実習をしました。

ゆりのき保育園のように団地の中にあり、五階建てのマンションの一階部分が五部屋、少し改造されて保育室になっていました。見学の設定が早朝から夕方までとなっていましたので、八時には園に着き、登園してくる子どもを待っていました。早朝保育の子どもはすでに登園、保母さんと一緒に朝食を食べていました。朝食は丸いパンにハムとレタスを挟んだものに牛乳という簡単なメニューでした。

子どもの様子

この園は園児一四名、三歳から六歳までの混合保育です。目の色、髪の色は全部といってよいほど違うかわいい子ども達でしたが、その中にスウェーデン人はたったの二名で、他は全部外国人、つまり移民の子ども達でした。

室内は地域暖房で適温に設定してあるので普通の服装ですが、外へ出るときは分厚いつなぎに着替えます。玄関脇に着替え室があり、一日に何回も外へ出るので、その度に大きい子は手際よく、小さい子はエッチラオッチラ着替えを行なっていました。

保育園は園長他四名。登園してきた子はすぐに思い思いの遊びを始めます。パズル、積み木、ままごと、かた、絵を描くなどして、楽しそうにおしゃべりをしながら静かに遊び、私達が職員室でお茶をいただきながら四人の保母さんから説明を受けている間も、特に気にする様子もなく遊んでいました。

保育内容～筋の通った保育方針～

私達は、夢のような少人数保育、それは家庭的という子どもの育ちに矛盾しない国家の方針によって運営され、保育内容も十分研究され、スウェーデンの国民としてモラルを持つ民主的な人格形成の基礎をきちっと育てている様子がうかがえました。それは子どもの動きに合わせた自由保育とは異なり、自由のようでありながら保育者の中には、一日一日の子どもの成長を大切にし、目標に向かってしっかり取り組んでいる姿勢がうかがえました。

九〇％の国民がキリスト教徒でありながら、保育園では他民族の精神生活を大切にするため、クリスマス、イースター以外は宗教教育を行なっていないということでしたが、地下水のように流れるキリスト教の精神に培われてこその教育であることが十分感じとれました。

自然教育

国土の大半が森林であり、湖水の多い国でありながら、自然保護の教育は非常に徹底していて、単なるフィーリング的なものではなく、生態系をきちんと踏まえた自然科学教育が行なわれていました。その方法もうたや絵、散歩を通して楽しくそして丁寧に、一人ひとりの心に語りかけるように行なわれている様子をみて、私達にもうひとつ欠けている、心の豊かさを育てる保育について反省させられました。

園からさほど遠くない所に、大樹の鬱蒼と茂る原生林がありました。子どもの教育のために残されている場所、一年中いろいろな活動ができるのだそうです。この日は「冬の動物さがし」がテーマで、四、五人のグループを保母が連れて、お目当ての虫や動物を、夏に見かけた場所へ探しに行きました。もちろん一生懸命探しても、蛙も蝶もきつつきも狐もはりねずみも見当たりません。「みんなスリーピー」と子ども達は納得し、うなずきながら帰ってきました。体で覚える幼児の心理を十分に配慮した行動に感心しました。

食事

割に簡単です。パン、バター、チーズ、ハム、スープ、牛乳、少量の野菜、果物が日によって少し組み合わせが違うぐらいの献立のようです。

テーブルには保母一人、子ども四、五人、食器は全部家庭と同じ成人用のもの。特に盛りつけはせず、食べられる分だけ取り分けて食べていました。取り分けた物を残すと注意を受けるぐらいで、自由にゆったりとした雰囲気で食べていました。

椅子、テーブルも大人用で、背丈の足りない子のためには、天板が移動できる椅子が用意されていました。

家庭と隔たりがないように、また大人の動きの無理を防ぐという理由から、五年前に幼児用の家具は全部やめてこのようにしたとのことでしたが、すべてスペースの広さと、子どもの人数による改善可能条件にひたすら溜息が出るばかりでした。

食事の後片付けも、三歳でも食器洗いまで全部自分でやり、流し台の下にある皿洗い器にちゃんと納めていました。

母国語教育の実際場面

すぐそれとわかるガッシリした体格の素敵なアラブ人の女性が来園され、園長と打ち合わせをした後、四名の子どもを呼んで床のマットの上に座り、うたやゲームを交えた授業が始まりました。みんなニコニコと嬉しそうに、先生のしぐさを真似たり、カード合わせをしたり、楽しみながら母国語を覚えていく、十分に研究された授業でした。

他の子は外に行くでもなく、もちろん邪魔をしたり大声を出したりせず、各々、自分達の遊びに熱中していました。

体育遊び

寒い国なので外に出るのには、必ず分厚いつなぎが必需品。しかし、活動には向きません。そのため、二日に一度ぐらいは、近くの小学校の体育館へ出向き、備え付けの教具や技巧台を用いて思う存分活動させます。子ども達は瞳を輝かせて取り組んでいました。ハードな動きを続けさせるのですが、三歳児

スウェーデンの保育園
冬の自然研究

でもめげずに大きい子の後についてがんばり、とてもかわいく元気でした。

終わったら、汗びっしょりの体をシャワーで洗い流して、保育園に帰ってきました。

ケーキを焼く

三日に一度はやってくるというケーキづくり。食卓の上で発酵した生地をめん棒でのばし、バターをぬり、シナモンと砂糖をかけてロール型に丸める。子どもが嬉しそうに一つひとつのしぐさを手伝い、できた物をケーキカップに並べていく。その手際のよさに、家庭でも保育園でも、ごく日常的に行われている自然さを感じました。

ことさらに手作りなどという言葉もなく、エプロンをして構えるでもなく、しかし、マナーはしっかりとしつけられていて、背の丈より高いワゴンを当番に当たっている四歳児が二人で運んできて、紙ナプキンやジュースカップを並べ、焼きあがったケーキを人数分だけ、めいっぱい背伸びしてテーブルの真ん中にセッティングし、椅子に座って食べていました。一つで十分おなかがいっぱいになるくらいのボリュームで、とても美味しく、一一時少し前なのにお昼の食欲などは気にしないで食べさせ、子ども達も十分満足していました。

予想通り、昼食はみんなお皿に少し取り分け、三歳児達は半分に割ったサンドイッチを前にして考え込んでいました。それもしばらくのことで、お許しをもらって残し、みんなニコニコと午睡の準備にとりかかりました。

この日は父母とのミーティングの予定日でした。週一回、お迎えの父か母、一緒に来たきょうだいと園児がテーブルを囲み、午前中に作ったケーキを食べ、コーヒー、ジュースを飲みながら、一週間の園生活の様子を一人ひとりに伝え、親の相談を受ける。この日はアラブ系のお母さんが一番先にみえ、ゆっくり話し込んでいました。

国民の熱意でつくられる保育制度

一斉保育、自由保育、縦割り保育、クラス別保育などの保育形態と、そのメリット、デメリットについては、日本の幼児教育が始まって以来、連綿と議論が繰り返されてきました。そして結論の出ない問題の根っこは、お金をかけない教育、保育制度にあることはよくわかっていましたが、三日間、生活を共にしたスウェーデンの保育制度が子ども達と親に、そして保育者にも優しく、人間を育てる原点がきちんと踏まえられ、毎日の生活に活かされていることを目のあたりにして、比較にならない我々の現実を省みて、まぎれもなく国民の熱意ひとつであることに気づき、深く考えさせられました。

八百年代には、ノルウェー・バイキング、つまり海運業もやりましたが、主に海賊で生計を立てていた貧しい国が、キリスト教の渡来から人心が変革され、様々な歴史を経て現在に至ったというスウェーデン。

ともかく、当面は変革を課題にしながら学んできたことを伝え、活かし、暖かく迎えてくださった方々と、あの幼い一四名のそれぞれ違った目の色、満ち足りたその輝きを心に刻んで、今回の研修を意義あるものにしたいと思っています。

最後の夜に、今回の研修旅行のすべてのスケジュールを計画し手配してくださったオメップ副理事長のバックス・トレーム先生が、一行全員をご自宅に招待してくださいました。素晴らしいセンスのクリスマス装飾の施された素敵なお家。お料理はスウェーデンの伝統的なクリスマス料理、本当に暖かいおもてなしでした。

ご主人と今は同居していないご子息がこまやかな配慮で手伝いをされていました。紹介と共に聞いたこの国の大学生の生活が印象的でした。スウェーデンの大学は、原則として国費。試験にパスして入学する前に約三年間、外国、特に貧しい国へ出向いてボランティア活動を行うことが多く、その費用は自費なので、大抵三ヵ月ぐらい重労働をしてその間の生活費を稼ぎ、目的の国へおもむくとのことでした。社会のトップに立つ人々にこの経験があればこその弱者に優しい国であることを思うことしきりでした。

聖地イスラエルへの旅（一九九五年）

夢が現実となって

イエスさまのふるさとイスラエルへの旅、それは三〇年にもわたる長い長いあこがれであり、夢でした。

ごくマジメな愛国少女であった私が、国を思う一念から志願し、入隊したのは従軍看護婦の養成を目的とした世田谷の東京第二陸軍病院大蔵分院（現・国立大蔵病院）でした。そして一〇ヵ月後、入院中の傷病兵と共に終戦の放送を聴いたのは、一八歳の夏でした。

その時から、日本は大きく変貌していきました。天皇を「神」とした軍国思想にマインドコントロールされて一定の秩序を保ってきた国民生活は、精神的支柱が失われると共に民族の誇りも生きる力も音をたてて崩れていき、信じられるものがすべて失われた世の中に剥き出しにされたのは、人間のエゴでした。

一方、国のために「死」の教育をされぬいて、あきらめていた「生命」に生き長らえるチャンスが与えられたことに気付きました。それは本能的な喜びであり、またとてつもなく不安でもありました。

「心のよりどころがほしい」。私は焦土の中をさまよいながらたどり着いた建物、それは十字架の立つ小さな教会でした。それから四〇年あまり、イエスさまは「偽りのない世界、信じきれるみ言葉、限りなき愛」を示してくださいました。

そのお方はいつも貧しい私と居てくださり、無一物に近い形でスタートした現在の事業も、女手ひとつに委ねられた四人の子ども達の養育も、食べ物、着物、教育費まですべて与えられて成人させることができました。そして、いつか親と同じ道に導かれ、命ある者の課題である大小の試練にもたくましく耐え抜いて、いつも明るくきょうだい仲良く助けあって生きている姿は親にとっては限りない喜びであり感謝です。

ひと握りの土くれのような、つまらない私を敗戦の泥沼から救い出してくださったお方、世界の救世主であられるイエスさまのふるさと、二千年前の歴史につぶさに出会うことのできる聖地旅行。その日は思いがけずに急にやってきました。

百歳を過ぎ長く患っていた義父が天寿を全うして旅立ち、残された義母が健やかなうちにと、娘達からも勧められ、二月二〇日から三月六日まで、「オオミコミュニケーション」のツアーに参加し、夢を実現させることができました。

ローマ見学

ツアーの仲間は添乗員も含めて三五人、全員信者で、そのうち二五人が札幌の日曜学校教師の団体でした。他は牧師さんとそのご家族、といったメンバー。「ひとまず安心して行けるな」と思いました。

成田を出発してから九時間以上、時差に生物時計を混乱させながら、イタリーのローマに着きました。ほっとしたのも束の間、翌朝から終日、見学のすさまじいスケジュールが待っていました。

早朝、出発の観光バスのまわりをジプシーの子どもがウロウロ、ガイドさんから何回も「スリだから気をつけるように」と注意を受けました。服装は貧しげですが目鼻立ちの整った一〇歳前後の女の子達です。「だれが彼女らをそうさせるのか」、初めに出会ったショックでした。

ファロー・ロマーノ

紀元前一千年に造営されたという神殿、王宮、凱旋門などの遺跡です。その規模の大きさと、高度な文明を物語る建造物にひたすら驚嘆するばかりでした。我々のご先祖さまは穴ぐら生活をしていた頃なのに、高くそびえる塔の数々、それらを飾る見事な彫刻、石造りゆえに三千年の歳月に耐え、往時の繁栄をしのばせています。古代の記録保管所は現役で市役所として使用されているとのこと、すごいと思いました。

コロッセオ円形劇場

約六万人の観客を収容したという巨大な円形劇場、床もせり上がりになっていたり、様々な技工が施してあったということです。

ただし、催し物は劇や踊りではなく、戦いに敗れた敵方の捕虜を剣闘士として養成し、野獣と戦わせて生死を分けたゲームを楽しんだといいます。古代の人々は酷たらしいことが好きだったようです（多神教の時代）。

少し離れた場所にカラカラ帝が五世紀に造営されたという公衆浴場、大ヘルスセンターがありました。水道設備はもちろんのこと、サウナ、大ゲーム場、レストランまで備えてあり、内部は華やかな芸術品で飾られていたとのこと、まさに驚きです。

カタコンベ

ローマの近郊には約四五のカタコンベがあります。カタコンベは共同墓地で、多神教のもの、ユダヤ教のもの、そして大部分はキリスト教のものということでした。

初期の信者は貧しくて広い墓地を作ることができなかったので、地下壕のように下へ下へと掘り下げられ、地下五、六階ともなり、地下の廊下は八百㎞にも及んでいます。古代ローマには「墓は神聖な場所として何者も手を触れてはならない」という法律があったため、キリスト教会への迫害がひどくなったときには、地下の迷路を隠れ家としていたこともありました。

その名残としてイエス・キリストの隠号である「さかな」の印なども壁面に描かれ、苦難の中にも固い信仰を守り通した人々の熱い祈りが伝わってきました。

ヴァチカン市国と聖ペテロ教会、システィナ礼拝堂

バスを降り、目前に広がる広大なヴァチカン宮殿の重厚な美しさに思わず息をのみました。ベルニーニの建築の傑作である聖パウロの広場、中央にはエジプトから移築したというオベリスク（塔）が、パウロが逆十字架にかけられた場所とされるところにそびえ立っています。一四二の彫刻で飾られた円柱の立ち並ぶ、広場を囲む建物の中央に聖ペテロ教会があります。「クロポーネ」と呼ばれている聖堂の大きな丸屋根は、建築家としてのミケランジェロの最高傑作と言われているとのことです。

様々な政治の変転を経て、現在ヴァチカンは独立国として自治が行われています。なお、この広場は教会の祝祭日に訪れる信徒三〇万人以上が収容できるとのこと、壮麗さをご想像ください。

聖ペテロ教会

皇帝ユリウス二世により一五〇六年に着工、一二〇年かかって工事を完了させたという聖ペテロ教会、その間にルネッサンスの巨匠達が一人残らずこの建築に関わったといわれています。

七一歳で主任建築士を任命されたミケランジェロの作品は、絵画、彫刻、モザイク画と多彩を極めていますが、ひときわ目を引くのが二四歳の時の若々しい作品『ラ・ピエタ』（十字架から降ろされたイエスさまを抱く聖母マリア）の像です。世にも見事な礼拝堂の輝きに目を見張りながらも、歴史の中で

犯してきた権力と富との罪禍も否定できず、「私達のイエスさまは、このキラビヤかさにお疲れになって、さっさとガリラヤ湖畔におもどりになってしまったのではないか」。これは一行の偽らざる感想でした。

システィナ礼拝堂

ヴァチカン美術館は、コレクションの部屋が千三百から千四百ぐらいあり、全部見るには一〇日以上要するということです。限られたスケジュールの中で案内されたのは最も重要な儀式が行われるというシスティナ礼拝堂です。

思ったよりこじんまりした礼拝堂で、世界各国の観光客でいっぱいでした。

聖書の世界が、一期～神がモーゼに戒律を与える前、二期～モーゼに戒律が与えられてから、三期～キリストの誕生による恩恵の時期、の三時期に分かれ、ミケランジェロをはじめ多くの巨匠達による美しい絵巻によって四方の壁と天井が飾られていました。

若きミケランジェロの生命感あふれる『天地創造の天井画』、人生の深みを伝える正面の大壁画『最後の審判』、自分がこの礼拝堂に立っているのが奇跡のように感じられ、感動にふるえました。

聞くところによると、人類に遺産といわれるこの礼拝堂も長い歳月を経てチリで被われ、変色の著しかったものを一三年かかって元の色彩に復元し、昨年の一一月に完成されたとのこと、重なる幸せに感謝しました。

トレビの泉

大理石の見事な彫刻で構成された『トレビの泉』。「ねがいごと」をかなえてほしい世界中の若者たちが群がっていました。

泉の中には世界中のコインが光り、これもまた世界中の弱者救済のために捧げられているということでした。私達もゲーム感覚で、みんながしているように後向きになってコインを投げ入れました。何を祈ってよいか迷ううちにコインはどこかへ消えました。

つくづくと美しい芸術品を身近に触れて育つ人々の幸せをうらやましく思い、この国のすぐれた建造物や人々の優雅なセンスも、さりありなんと納得しました。

エジプト見学

カイロ博物館

行けども行けども砂漠、砂漠、幸いなことに雨が止み、砂漠の花が一斉に開花した夢のように美しい世界が私達を迎えてくれました。

やがてエジプトのカイロに着きました。まずは、カイロ博物館の見学。エジプト五千年の文化遺産を四散させないために、今から百年前にフランス人オーギュスト・マリエットという人がエジプト政府の依頼を受けて設立したという博物館には四千年前の船の模型やツタンカーメン王の黄金のマスク他、素晴らしい絵画や彫刻、工芸品が展示され、その宝物の多さと美しさは、ただ感嘆するのみ。古代の王家の人々のミイラやすばらしい小装飾をほどこした棺や日用品が何千年という歳月のタイムマシンを通り抜けて、いま目の前にあるのです。

特に目をそそるのは、一七歳で没したツタンカーメン王を深く愛していた三歳年上の王妃が、その死を嘆き悲しみつつ、夫君の棺の中に入れたという矢車菊の花がそのままの形で王のミイラの傍らにあるのです。「どんな宝物より美しい」。この博物館を訪れる人々の共通の思いであることを、ガイドは感慨深く語っていました。

小学生達が先生に引率されて、たくさん見学に来ていました。カメラに気づくと列を離れて盛んにポーズをとり、先生から注意を受けていました。子どもはみんな同じです。それにしてもカイロの空気の汚いこと。晴れていても一日中曇り空のよう。排気ガスの多い旧式の車に市街地は溢れかえり、交通表示はどこにもなく、世界一交通ルールの甘い国だそうです。歴史のある国々のすべてがそうであるように、建造物を文化遺産として大切にするあまり、駐車場のスペースは考えられず、道端にところかまわずの駐車を余儀なくされているのです。エジプトの宗教はイスラム教八五%、その他はキリスト教、無宗教はほとんどいないとのことでした。

ピラミッド・スフィンクス

カイロ市外にある砂漠にそびえるクフ王のピラミッドを見学しました。実に精緻な設計によって建造されたピラミッドは五千年後のいまも原始の姿のまま立ち並び観る者を圧倒しています。底にあたる部分は正方形で四辺が正しく東西南北を向き、遠くから見たときに正三角形に見えるように、必要な傾斜角は五一度五二分が選ばれているとのこと、その他、驚嘆ともいうべき設営技法の数々。

また、建造はナイル河の増水期を利用して上流の石切り場からイカダを組んで巨石を運搬したとのこと。人頭税の対象者一〇万人が三ヵ月交代で働き、二〇年もかかったというたった一人の王の墓。古代のエジプト王の富と権力の大きさにはただ驚くばかりです。

また一方、国民はナイル河増水期の失業対策としての意味とピラミッド建設現場で働くことが、「王と共に来世に向かえる」と信じきって、結構喜んで重労働に参加したのだそうです。

スフィンクスは、ピラミッド用の石を切り出しているうちにあのような面白い形に残り、ピラミッドの守り神として仕上げたもので、あまり深い意味はなさそうです。

シナイ山へ登る

スエズ運河は地下道のトンネルを通って難なく渡り、いよいよシナイ半島へ。標高二二八〇ｍのシナイ山のそびえる地まで車はひた走り、遅く着いたコテージで一泊して、朝の二時に起床、一行のみなさんと共に暗闇の中を山頂めざして登りはじめました。

ところどころにほの暗い街灯はあるものの、足下は暗く懐中電灯を頼りに登ること約四時間、途中にラクダをひいた土地の人達（ベトイン）が待ち構えていて、

シナイ山の朝日

日本語で「ラクダ、ラクダ」と誘いかける。馬ならともかく、あんな脚の長いものの上に乗って、しかも急な岩山、臆病な私は考えただけで冷や汗モノ。日本語で「アリガトウ、サンキュー」を繰り返し、年齢をみて目ざとく迫るラクダ屋さんを巻きながら、皆さんに遅れないように必死に後に続きました。

やっと八号目、あと三〇分で頂上です。山々はほんのり白みはじめました。数人はここで朝日を迎えることになり、他の人は山頂をめざしました。

モーゼが神の御手により、人間のすべての道のはじめとする「十戒」が与えられたシナイ山、感動の一歩一歩を踏みしめながらちょうど六時に山頂にたどりつきました。

その瞬間、たなびく雲を破って朝日がのぼりはじめました。その荘厳さは筆舌に表し難く、団長の打越牧師のリードで世界の平和のため、愛する人々の救いのために祈りに祈りました。

世界各国からの巡礼者の祈りは、黄金のように輝く峰にこだまして天の声を聞く思いがしました。

イスラエル到着

死海へ

いよいよイスラエルへ。入国の審査はとても厳しく、身ぐるみ調べられてやっとのことで通過。死海をめざして車は走りました。

途中にキブツの集落がありました。私達の先入観はみごとに破られ、「神の祈りを軸にしたつつましい信徒の集落」ではなく、スプリンクラーにより砂漠を緑地に変え、ハイテクを駆使した大規模な機械化産業集団でした。スゴイです。

死海は青く広々とした美しい湖水。湖底が海面下に位置するため、塩分がたまり、その中にマグネシウム、カリウム等の鉱物をたくさん含有し、現在はその採集が重要となっているとのことでした。

湖畔に塩田があり、塩を含有した白い岩の大小が立ち並び、塩の柱になった「ロトの妻」は悲しげに顔を伏せているように見えました。湖畔のホテルに引かれた死海の水でおっかなびっくり浮遊を試みました。百kg以上ありそうな茶髪のおばさん方もちゃんと浮いていました。

ガリラヤ湖

イスラエルの中央に位置する大きな湖です。湖畔には、イエスさまのお話に時の経つのも忘れて耳を傾け、救いを望む五千人の群集のために夕方の食事を用意された「五つのパンと二匹の魚の増加」を記念する教会がありました。

また、荒れ狂う湖水のただ中で風と波をしずめられて、弟子達のイエスさまに対する信頼の甘さを諭された奇跡の物語、聖書にはこの湖畔がステージとなった様々な出来事が記されています。

いまはモーター付きの観光船で難なく渡れますが、イエスさまが何度となく渡られ、湖畔に立たれた水面は今も救い主が「労する者よ、そのままで私のもとにいらっしゃい、休ませてあげよう」と両手を広げて呼びかけてくださるお姿が彷彿され、感謝の祈りを捧げました。

昼食はイエスさまが五千人に分けられたパンと魚と同じ食事を湖畔のレストランでいただき、み業をしのびました。

ナザレへ（ヘブライ語でナツラ）

いよいよイエスさまの故郷ナザレへ。現在は人口七万六千人、イエスさまの時代は六百人ぐらいと推定されているようです。一年中果物が豊かに実り、人々は歌や踊りを好む陽気な民族であり、「イエスさまも、後世の人々によってイメージづけられた端然とした怜悧な青年ではなく、村の娘たちと楽しく歌い踊って過ごされた人好きのする暖かいお人柄だったと思う」と、ヘブライ大学で民俗学を専攻したというガイド氏は語っていました。

起伏のある丘、平地をバスは走り続けます。受胎告知教会、エズレの谷、勝利の山といわれる「ハルマゲドン」、温暖な気候と沃野の故に幾度もの戦渦を越えてきた歴史的な地は一年のうちで一番美しい季節でした。

「野原の花がどのように育つかを考えてみなさい。働きもせず紡ぎもしない。しかし、言っておく。栄華を極めるソロモンでさえ、この花の一つほどにも着飾ってはいなかった」

ルカによる福音書一二章二七節

人の思いわずらいの無意味さと、すべてを越えた神さまの恵みを説された意味がひしひしと感じられました。

イスラエルの花々は本当に美しく、狭い路地の隙間まで色とりどりの花でうずめつくされているのです。

エルサレム

いよいよエルサレム、心は躍ります。早朝から夕刻までハードスケジュールの旅も、エルサレムでは三日間同じホテルに泊まり、イエスさまの足跡を訪ねることができました。

三千年前にダビデが首都と定めたこの地、二千種におよぶ鮮やかな花々が咲き競い、「ダビデ通り」もありました。

オリーブ山

エルサレムの市街が一眺できる小高い丘、黄金のドーム、万国民の教会等、城郭に囲まれた旧市街、その周囲に広がる新市街が一望されました。

イエスさまが幾度となくこの場所に立たれて、万人の幸せを祈り、悲しみにあえぐ人々を救われようと、思いめぐらされたことを思うとき、足下より暖かい血が体中にみなぎるのを覚えました。

なげきの壁

ソロモン王が完成させた神殿は、新バビロニアにより崩壊、その後ヘロデ王によって再建されましたが、今度はローマ軍によって打ち破られ、ユダヤ民族は神殿の崩壊と共に離散の憂き目に遭いました。以来、その名残の壁にやってきては神の家の崩壊を嘆き、祖国の回復を祈ってきました。

私達の訪れた日もたくさんの信者が祈りを捧げ、祈りの言葉を書いた紙切れを壁の隙間に差し込んでいました。人々の熱心な祈り心に応えるように壁は夜露を滴らせることから、祖国を失った民の悲しみになぞらえ「なげきの壁」と呼ばれていました。

制服を着た一〇歳前後の黒い瞳の小学生が十数人の先生に引率されてきていましたが、周りが気になりキョロキョロして注意を受けていました。

私達は平和な日本に生活し、島国と小資源国であることが幸いして、祖国を失う苦難をまぬがれてきました。この国と同様に大陸に位置する国々の多くは、侵略者の都合により焼き払われ、時には民は皆殺しにされ、または一生を奴隷として酷使される、その歴史が繰り返されてきました。街が再建される度に土が盛られ、遺跡は地下何層にもなり、現在は小高い丘を形成しているところが多く見られるのです。

「自分の国は何としても、自分達で創り、守っていかなければなななない」。それは明日の皆殺しにつながる他人事ではない、この国の人々の強烈な「愛国心」が一旅行者の目にも強く印象づけられました。「いろいろあっても日本人でよかったね」。同行者の心からなる共鳴と感謝でした。

ゲッセマネ園

ケデロンの谷にある美しい庭、ゲッセマネの園。一二弟子のひとりユダの背信を知り、十字架を目の前にしたイエスさまが、血の汗をしたたらせ苦悩の祈りをされた場所とされています。

ゲッセネとはヘブライ語で「油しぼり」の意味で、広い園にはイエスさまの祈りを聞いたのでありましょう、オリーブの古木が生い茂っていました。

私達一人ひとり、時代を越えた生命ある者の「罪のあがない」のために恐ろしい十字架刑を、御父「神」の命ぜられるがままに自ら受けようとしているイエスさま、しかし生身の人間としての痛み苦しみを前に、その苦悶はいかばかりだったことでしょう。感謝の涙あふれるままに人々と共に祈りを捧げました。

園のかたわらに、万国民の教会（一名苦悶の教会）がありました。

なげきの壁

二階座敷

レオナルド・ダビンチの名画『最後の晩餐』で知られている場所を訪れました。度重なる戦いのために由緒ある館も破壊、再建をくり返した末、現在は消えかかった壁画をとどめるのみのあばら屋になっていました。

当時、高い身分を保障されていた、ダビンチをはじめとする西欧の宮邸画家達は、この場所に一度も足を運んだことはないと言われ、またそういった人々も死を覚悟の上でなければ訪れられない危険な地域だったようです。

シロアムの池

昔は医療村であり、池はいくつにも区切ってあって手術後の血を洗う場所、傷を洗う場所、体を洗い清める場所、などに分かれて癒しが行われていたとのことです。イエスさまが、盲人の目を治されたあと、「シロアムの池に行ってよく洗いなさい」とおっしゃった意味がよくわかりました。

現在も発掘は続いていますが、地下数メートルの場所に石造りの区画と水がたまっているだけで、当時の姿に思いを馳せるのみでした。

ビアドロロサ

イエスさまを抹殺しようと計画していた人々によって、裁きが行われ十字架刑が決定し、ゴルゴタの丘に至るまでの道。想像していたよりずっと狭く、両側に店が立ち並ぶ坂道でした。イエスさまの十字架刑は、「過ぎ越しの祭」の日に行われました。多くの見物客が見せしめの罪人につばを吐きかけ、石を投げたに相違ありません。

重い十字架を負ったイエスさまが一歩を進める度に肩の肉が裂け、石畳の道を引かれていく音が魂の奥底に響くのを感じました。二千年の間にここを訪れた多くの人々が自分の罪の許しのために十字架に登らされた主イエスさまの大いなる愛に幾度感涙に咽んだことでしょう。

「今日も過ぎ越しの祭の日」であり、着飾った親子や少年少女達が立ちつくす道を祈りながら当時をしのび、一歩一歩進んでいきました。途中、一二のステーションがあり、聖書の歴史的な記事を証明していました。

聖墳墓教会

ゴルゴタ（シャレコウベ）の丘。イエスさまが十字架上で召天された丘の上にある聖墳墓教会、四世紀にコンスタンティヌ帝によって記念の教会として建立され、幾度かの再建を経て今日に至っています。金箔、銀箔をほどこした装飾は、十字架のイエスさまには何か不つりあいなものを感じましたが、各時代時代の人々が神のひとりの子イエスさまをお慕いし、崇める気持ちをこのような形で表現し、聖蹟として守り続けてきたことを嬉しく思いました。

「聖書の旅」を終え、四ヵ月がたちました。けれども、二千年前に歩かれたイエスさまと同じ道を歩み、当時のままといわれる鶏鳴教会の中庭に続く石段、イエスさまが刑の判決を受けるために登っていかれたという石段を一歩一歩登りつめた感動は、今でも熱い想いとなって胸に迫ります。

世界の先進国といわれる国々の多くはキリスト教を国教としています。聖書に手を置き祈りの中に教育も、政治の決断も下されます。時には、その判断をあやまり、国を亡ぼす結果に至ることも残念ながら事実ですが、外国を旅して誰もが感じるのは、「隣りの人を愛しなさい」というイエスさまのみこころが一人ひとりの市民の中に生きて働いておられる事実です。

麻原オウムは、平和で自由な社会をバックに、真面目で弱い人々の心につけ込み自らを偶像としてカルトの洗脳法を利用して、命まで奪う歴史上まれに見る惨劇を引き起こしました。

聖書に教えられている「神」は姿も形も見えず、ただ大いなる力を持って天地の万物を創造され、生命を与え愛しみ育て、守っていてくださる方と記されています。

「疲れたもの、重荷を負うものは誰でもわたしのもとに来なさい。休ませてあげましょう。わたしは柔和で謙遜な者だから、わたしの軛き負い、わたしに学びなさい。そうすればあなたがたは安らぎを得られる。わたしに軛き負いやすくわたしの荷は軽いからである」

マタイによる福音書一一章二八〜三〇節

ドイツのキリスト教社会福祉研修の旅（二〇〇〇年）

五月一七日から二七日まで、ドイツのキリスト教社会福祉研修の旅に参加しました。あまり多くない海外研修の経験ですが、日常的に中途半端な情報をベースにした自分なりのイメージがいかに浅く、無知そのものであることを、その度ごとに否応なしに知らされ、島国の幸せと悲哀を感じさせられています。

今回は大分県の『いずみ園』総合施設長（牧師）多田一三先生の企画に仲間入りさせていただいて参加しました。

園をあけるとなると仕事の整理が大変で、準備期間がいつも修羅場。とうとう一冊の案内書も読めずに参加と相成りました。

途中、時間変更があり一八時にミラノ着、乗り換えて二一時二〇分にハノーバー着、バスに乗りサマータイムのためまだ明るい市街を走り、ビーフェルトに着きました。

ホテルに落ち着いたものの、翌朝は早々に出発、時差も年齢も何のその、厳しいスケジュールのスタートとなりました。

ベーテル見学

「ベーテル」の名で世界的に有名なドイツ福音主義協会ディアコニー事業団の社会福祉施設（ボーデルシュヴィング）を見学しました。最初に長いこと事業団に関わっておられたというアルフレート・フィヒトナー氏より事業団の歴史、事業内容、施設の様子をスライドを用いてのレクチャーを受けました。

「ベーテル」という名前はヘブライ語で「神の家」を意味する言葉に由来し、ビーレフェルト市のキリスト教信者達によって一八六七年に設立されました。その人達は当時、悲惨な立場にあったてんかん患者のための援助の場所を作りたかったのです。

一八七二年に牧師フリートリッヒ・フォン・ボーデルシュヴィングがベーテルで指揮をとるようになり、社会事業の新しい課題を自覚し、病人、障害者等、社会的にハンディキャップを負った人々の援助サービスを組織化したのです。

ベーテルの理想

ベーテルは障害者と非障害者が共に働き、住むという公共組織を追及し、ケアーを受ける人々に対して人間的、専門的であり最高の援助を提供しています。

ヨーロッパ最大の社会事業施設といわれるスケールの大きさはひたすら目を見張るばかりで、短時間の見学者にはとうていわかりきれるわけもなく、その雰囲気だけでも体験することができたらと願いつつ、案内者の後に従いました。

地区内の散策

とにかく広大な施設であり、美しく花は咲き乱れ、建物は歴史を感ずる堅固な石造りのものが多く、日本で見慣れたコンクリートの箱型とは訳が違い落ち着いた街並みです。その一つひとつが「デアコニッセ」の老人ホーム、レストラン、花屋さん、資料館、陶器職人の作業所、クリーニング店、ショップ等、それぞれに個性があって美しいのです。

時間が少なく、置いてきぼりにされたら迷子になってしまうので、自分を急き立てさせながら二〇分ほど見学。昼食後四グループに分かれ、

①高齢者の活動
②陶磁器工房
③授産工場
④作業療法

を見学しました。「時間がないから」と希望は入れられず、私は④の作業療法室「精神障害者の家」へ案内されました。

作業所とはいえ、窓の多い明るい部屋で、入所者の作った美しい作品が壁や窓辺に飾られていました（ショップも兼ねる）。ただちに喫茶室に案内され、入所者の作った大きなケーキと飲み物が出されました。テーブルにつき背の高いハンサムな指導員から説明を受けました。

＊ここは中期精神障害者のためにあり、病院から退院にあたり、適職を見つけるための訓練施設である（通所者もいる）。

＊家庭で世話のできない重度の人は職員が共に住んで気に入った仕事を見つける。

＊一人ひとりが違うので、個別に関わることが必要になる。大学で学び資格を持ち職業指導のできる人が、ここ「クニエル病院」の入院者四二名に三〇人がついて作業療法を行っている（医者、心理学者、教育者、介護士、仕事の指導者、セラピスト）。

＊個別のプログラムがあり、社会に出るための条件

を身につける。
・買い物ができる
・きちんとした生活ができる（起きる、食事、排泄、出勤、仕事）

一人の患者にセラピストを「一対一」、「二対一」、「三対一」のように症状によって配置し介護をしている。

説明を受け、お茶をいただいて、施設のために各自寄付金を渡し、見学者を意に介さず仕事を続ける入所者の様々な作品に驚きながら、記念に何品か求めさせてもらいました。指導している方々は「マイスター」の資格を持っている専門家とのことでした。

ハイデルベルグへ

朝早く起き、ドイツの新幹線でハイデルベルグに向かいました。汽車の大きいこと、ゴツイこと。一行はしっかりスーツケースを離さずに持って乗り込みました。日本の新幹線と違って何と愛想の悪いこと。汽車が「着きますよ」でも「発車します」でもなく、「ガタン」と止まって「ガゴー」と発車してしまうのです。でも、車中はゆったりしていて談話室もあるし、コーヒーと軽食のショップはあるし、ゆったり長旅が楽しめそうでした。

ハイデルベルグ大学では特にレクチャーもなく、食事をして街に出ました。古城と水と美しい建物、どうやって目に焼きつけようかと悩むほどの素晴らしさでした。聞くところによると、第二次世界大戦の時もアメリカの人はこの街が大好きで、日本の京都のように爆撃さずに無傷で残したということです。観光客は日本人ばかりと言えそう、「やっぱり金持ちに見られるなあ」と思いました。

夜は旧市街のレストランで夕食。店の奥の方に座っていた若い男性の一群が、突然歌いだしました。美しいハーモニーに聞き惚れていると、離れた席にいた中年の男性がやってきてカンツォーネを歌いだし、店内を圧するような見事さでした。二〇名程の若者達はスイスから、カンツォーネは歌の好きなイタリア人、ここは国境に近い街だったのです。いかにも芸術が日常性を持つ素晴らしいひとときに、我々も『さくら』『浜辺の歌』でお返しをしました。

「ブラボー」

ロマンチック街道のデュケンスビュール、アウグスブルグ見学

―ガイド・長谷川氏より聞くドイツの社会事情

八時に出発。今日からガイドは特別な方。長谷川さんは元大会社の重役。現在はガイド会社のオーナーでドイツの諸事情に詳しく、長時間のバスの中で次々に話してくださり、たくさんのことを学びました。

南ドイツの風物

四月から六月にかけて緑や花が美しい。気温は様々に変化する。長い冬が終わり、春を待つ気持ちに応えてくれるのが「白いアスパラガス」。ドイツの人々はアスパラガスのシーズンを待ちわび、様々な料理を楽しむ。ポーランドからたくさんのアスパラ掘りの季節労働者が来る。菜の花はたくさん作られているが、主に養蜂と油を収穫するためで、現在は遺伝子組み換えが心配されている。

道路事情（ハイウエイ）

ハイウエイの速度。自家用車の制限速度は一二〇～一二〇〇km。トラック八〇km。バス一〇〇km。土、日曜日はトラック走行禁止、バスは許可証がいる。渋滞の解消手段がとられている。料金所を置かない。EC各国は道路に国境はない。管理は走行区分の各自治体の責任（税金でまかなっている）、料金はいらない。

道路の両側に五m以上の幅の広葉樹の緑地帯を作ることが義務づけられている。どうりで遠望の絵のような風景のほかは、ずーっと林の中を走っているかのよう。家のそばなど間違っても走っていない。

街の美観重視

①屋根瓦（レンガ）の色、家屋のデザイン、家の壁の角度、窓の形、すべて規制がある。洗濯物は絶対外に干さない（地下の洗濯場で行う）。

②古い物を大切にする。家を改築しても外観は昔のままにする。

③人家は四階までとし、健康上、災害の危険を考え許可されない。

④店の看板は大きさ、字体、色調まで規制されている。

教育のシステム

①授業時間は朝七時から一二時まで。午後は自由にそれぞれの課題に取り組む（音楽、運動、芸術など）。

②学費は小、中、高、大すべて国費

③個人のコースは様々な観察の結果により適性が見出され、小学四年～五年で進路が分かれる。

＊大学進学一二％ぐらい。専門の知識を得たい人が入学する。

＊職業教育（学校）三ヵ年。一年ごとに試験があり、マイスターを養成する。

＊芸術、体育等のコース。

＊幼児教育（保育）三歳から義務教育。費用は国費。（どのコースをとっても卒業後の給料はほとんど変わらない。好きな道を選べる）

④子どもの精神教育はすべて教会で行われる。

⑤一般の労働時間。八時間制。土、日は休み。八時間を守らないと罰則がつく。サマータイムの現在は、日本時間の七時から夕方四時、その後はフリー。

ロマンチック街道

歴史的遺産を本当に大切にし、保存されている。街並みは絵のように美しい。ここにも日本人が多く、観光コースで人気が高いとのこと。決められた時間内で十分楽しめました。

アウグスブルグでは、立派な大聖堂や中世に大富豪が威信をかけて作り現在も使われている世界最古の福祉住宅を見学しました。部屋の作りも素敵で冷暖房とはまさに驚きでした。窓辺にはお花や人形がセンスよく飾られ、品のよき老人が手を振っていました。この国では百年一日のごとく、人は歴史街道の旅人であり、「ゆったりゆっくり歩いていっていいんだよ」と諭されているような気がしました。

ダッハウの旧ナチス収容所視察

広い敷地の大部分は、収容所跡として残されていました。中央に本館があり、その中は展示室になっていて、目を被いたくなるような写真のパネルが年月を追って掲げられていました。

ツアーのガイドがほとんど何も知らず説明できな

いのが残念でした。渡されたパンフレットには、「世界中の人が見に来ているので、迂闊にものを言ったり、騒いだりしないように」と書かれていました。

ヒットラーの独裁を招いた第一次世界大戦後の債務補償にあえぎきっていたドイツ民衆の苦しみも、また痛ましい歴史の流れとも言えるのでありましょう。ひとまず案内書に従って館内に入り、順に展示物に見入りました。

ダッハウの強制収容所は一九三三年にアウシュビッツより先に造られたもので、ヒットラー政権に反対した人が政治犯として収容され、やがてここでポーランド人、ユダヤ人の「大量殺戮」が行われたということです。

印象に残ったのは、生体実験のパネルでした。健康体の男性が薬物によりだんだん衰えてきて死を迎え、検査、解剖、結果の緻密なデータの展示には、「人間が人間をよくここまで」と空恐ろしくなりました。

残された一棟の旧収容所は当時のままでプライバシーもなく、狭い所に並んだ便器、狭いベッド。また、映画による当時の実録フィルムの公開、戦争とは……自国の反省を恥をもいとわず世に示そうとしている。ドイツという国の信仰による懺悔のいさぎよさを感じました。

『デイアコニー事業団』施設視察

障害者ケアー施設の見学。午前中はアルフレット・ヒストナー氏のレクチャーがあり、午後からは見学、昼食は施設の食堂でご馳走になりました。食事作りも障害者が行い、毎日外注も含め五五〇食を作っているそうです。ボリュームもあり、とても美味しくいただきました。

食事後は二班に分かれ、施設内を見学しました。

作業所の見学

就業時間

・作業時間　月曜~木曜　七時四五分~一六時三〇分

・休憩時間　午前三〇分　昼四五分　午後三〇分

土日休み

①工場の下請け　電気関係の細かい仕事

・一部屋一八名のグループ主に知的障害者　指導員一、二名　助手一名

・それぞれ気に入った仕事に真剣に取り組んでい

ました。

②家庭的な仕事

・洗濯、裁縫、アイロンかけ。施設内の仕事と他からの受注。

・かわいいいエプロン姿で働いていました。

③電気関係

・入所一〇年目の人達

・見習をしながら実力をつけ、全工程を手がけています。

・トレーニング

・二年間は学校へ行く。部分的な学び、適職を見つける。コンピューターレーザーを行っている人が三名おり、週に三百個もの部品を作っています。テクニカル・マイスターと呼ばれ、すべて完璧な仕上げがされています。

・製品はマイスターが審査し、発注者に納品しますが、ミスは皆無であり、また、完璧な製品でないと仕事がこないということでした。

④ケーブル関係

・完成されたものを操作します。

⑤輸送関係

・施設の製品と受注の品を毎週三万個ダンボールを用い、パッキングして発送しています。すごい量と労働力です。

⑥芸術ルーム

・教師一名。アトリエがあり、カレンダーなども作っています。モヤモヤした気持ちが描くことにより感情のコントロールができるなど、絵を描くことの意味は大きく、過去に何人もの高度な芸術家が育っているということでした。

⑦金属を扱う

・コンピューターを操作して二週間で二千五百個の電線部品を作り、納品している。一二名の指導員がおり一〇年間無事故ということです。

ドイツの社会福祉システム

ドイツの社会保障は基本的に次のような五つの法律によって支えられています。

①疾病保険
②年金保険
③失業保険
④介護保険
⑤連邦社会扶助法

民営社会福祉の中央機関

国から認可を受けた六つの民営福祉事業の中央機関があり、それぞれ多くの事業を運営しています。最も古いのはディアコニー事業団で一五〇年の歴史をもっています。

障害者の身分保障

ドイツでは世話する人、受ける人ではなく、前述の教育制度から保険制度までのすべて一人の社会人として、基本的人権が保障され、それがすべての基本となり、聖書の教えに従って運営されています。

感動したことは、身辺自立のできるすべての人は、教育を受ける権利と幸せを選びとる権利が保障され、実に手厚い援助を受けながら技能を修得していき、「社会人すなわち、仕事をして収入を得て、生活する」、人間としての生きがいと共に、生活者として健常者と変わりなく身分が尊重されています。

作業所の休憩時間には、恋人と手をつなぎ、肩を抱きかかえ、ジュースを飲み合ったりする姿には、無粋な国の見学者達はちょっぴり不安を感じました。

当面している問題点

福祉国家として営々と努力を重ねてきましたが、少子高齢化が進み、疾病、年金、失業保険などの支出が増加し、財政的に支えきれなくなり、「社会国

ドイツの幼稚園の庭で

家の解体」も危惧するようになってきたとの話もあり、世界各国共通の問題であることをあらためて考えさせられました。

オーバーアマガウのキリスト受難劇

オーバーアマガウは南ドイツ、アルプス山麓にある人口五千人の小さな町です。ここでは一六三四年の初演以来、一〇年おきに村人総出でキリスト受難劇を上演します。これは一六三二年、ヨーロッパ全土にペストが蔓延したとき、神様にペストから免れますように祈り求め、その誓願のしるしとして始められたものです。村人達は一〇年間祈りをもって稽古を進め、五月から一〇月まで半年のステージを勤め上げるということでした。

朝九時にオーバーアマガウに到着した時には、まず人の多さに驚きました。様々な人種、本当に世界中から集まった人々であることを納得しました。

九時半の開園時間には、五千人の客席は満員。団長の多田先生が前中央のとてもよい席を、一枚の入場券でさえ至難の業という中で用意してくださったことは、本当に感謝でした。この混沌とした世界にイエス・キリストの愛を示されようとした神の御心がひしひしと伝えられ、心ゆるがす五時間にわたる壮大で感銘深い受難劇でした。

旅のおわりに

施設見学の折に、「行政の無関心や約束の不履行はないのですか」との一行の質問に、「この国はキリスト教ですから」との確信をもった言葉に国民性の重みを感じました。数知れぬ壮大で美しい教会、十字架がその尖塔に輝く国、辻々に立つキリスト教、マリア像。生きて働く神と共に多くの悩みを抱きながらも天に続く石畳を堅実に歩み続けようと努力を重ねる民衆の姿から短時間の滞在でしたが、多くのものを学びました。

二一世紀は宇宙・地球・市民の時代です。文化交流のため少しでもお役に立てばと思い、拙い文をまとめました。

あとがき

一人のクリスチャンとして、日々神様という大きな力により頼みながら、一言一言愛に満ち分り易く記された世界のベストセラー、バイブルによって導かれ、常に行くてに光が与えられ歩んで来ることができました。

いく度の試練や困難に遭遇しながらも、予測できない展開に驚きつつ、感謝の祈りを捧げながら、波乱と平安とに織りなされた長い人生体験を、平和な時代にありながら心病む人々から問われるままに語り続けて今に至りました。

また、読書、講座、情報などにより不十分ながら現代というものをとらえ、感じたことを「幸せさがし」のアドバイスとして少しでもお役にたてばとの願いから短いお便りとして書き続け多くの方々に読んでいただいています。

つたないエッセイではありますが、一貫しているのは平和に対する自らの強い念願です。五〇年間さまざまな事件はあれど平和憲法を掲げた日本は、全くの無縁とはいえないまでも戦争には絶対参加しませんでした。しかし、「平和維持軍」と銘打って陸上自衛隊の先遣隊が一月一六日にイラク復興支援のために出発しました。危険極まるゲリラの出没する戦場へ。

愛する日本が七〇年前のあの時代に似てきたと思われても仕方がありません。昔も世の中の貧困と不況をバックに治安維持、産業復興をスローガンに武器を持ち他国におもむきました。この度のイラク派兵にも、同じような意味はありはしないでしょうか。

いつの時代も「戦に行け」と命じるのは年配者であり、死ぬのは純真で前途のある若者達です。そして世界中に「戦地」という場所は皆無で、すべて善良な住民が生活を営んでいるコミュニティーです。第二次世界大戦の教訓を国民一人ひとりがしっかりと認識し、二度と過ちを繰り返さないようにしなくてはならないと思います。

このエッセイ集についていて、思考をまとめていた二〇〇一年九月に、ワールドトレードセンタービル爆破の大事件があり、世界を震撼させ、その決着の理由で進められたのが現在の状況です。どのような実情があろうと戦争は罪悪です。ケタ外れの軍事費によるムダ使いを止めて、飢えた人々を救い、子ども達に勉強の場を与えたとしたら、ゲリラもやがて消えていくでしょう。本当のことを知ったなら、命を的に支配者の私利私欲のために利用される人はいなくなると思います。

人を殺すということがどんなにつらく苦しいことか、軍の至上命令に従わざるを得なかった帰還兵達から耐え難い心の傷を告げられました。私は一八歳の看護学生でした。特に若い方々に伝えたいと思います。祖国日本を愛してください。かけがえのないあなたを守り育ててくれる国です。いついかなる時代にあっても心正しく自分を信頼できる人間に育ててください。与えられている自らの力に磨きをかけ、多くの人々の幸せに繋がる業に向かって励んでください。

「擦り切れることのない財布を作り、尽きることのない富を天に積みなさい」

ルカによる福音書一二章三三節

「剣をさやに納めなさい。剣を取る者は皆、剣で滅びる」

マタイによる福音書二六章五二節

せんそう

アフガニスタンの村で一二月六日に
ビー球遊びに夢中になっていた
男の子七人と家の手伝いで水汲みにいく
ところだった女の子二人が
殺されました。九歳と一〇歳です。
地球上に「戦場」はなく
生活の街です　地域です。
楽しいクリスマスを前にして
天にとばされてしまった
これから成長する
たくましい生命でした。
止めましょう　せんそうを。
止めてください　せんそうを

【筆者紹介】

野口　京子（のぐち・きょうこ）

1925年に現在の東京都日野市に生まれる。

戦争中の至上命令のためにタイピストとなり、軍関係の仕事を行う。

16歳の秋、陸軍生徒教育隊に入隊、看護婦としての教育を受け、卒業後は陸軍病院で傷病兵の看護に当たる。

22歳で保母を目指し、独学で保母試験に合格。結婚と同時に教会附属保育園の主任となる。

1972年に現在のゆりのき保育園を現理事長と共に設立。園長として現在に至る。

愛の旅びと—しあわせの青い鳥はいつもあなたにより添って

2004年4月5日　初刷発行

著　　者	野口　京子
発 行 者	大塚　智孝
印刷・製本	株式会社 平河工業社
発 行 所	株式会社 エイデル研究所
	102-0073 東京都千代田区九段北4-1-9
	TEL　03(3234)4641
	FAX　03(3234)4644

Printed in Japan　ISBN4-87168-372-9　C3037